U0820697

基于交通运输服务监督电话 12328 指数的综合运输行业趋势研判

胡铁钧　王海洋　尚晋平　编著

人民交通出版社股份有限公司
北　京

图书在版编目（CIP）数据

基于交通运输服务监督电话 12328 指数的综合运输行业趋势研判 / 胡铁钧，王海洋，尚晋平编著．—北京：人民交通出版社股份有限公司，2020.9

ISBN 978-7-114-15705-9

Ⅰ．①基…　Ⅱ．①胡…②王…③尚…　Ⅲ．①综合运输—交通运输系统—研究—中国　Ⅳ．①F512.4

中国版本图书馆 CIP 数据核字（2019）第 147248 号

Jiyu Jiaotong Yunshu Fuwu Jiandu Dianhua 12328 Zhishu de Zonghe Yunshu Hangye Qushi Yanpan

书　　名：基于交通运输服务监督电话 12328 指数的综合运输行业趋势研判
著 作 者：胡铁钧　王海洋　尚晋平
责任编辑：崔　建
责任校对：孙国靖　魏佳宁
责任印制：刘高彤
出版发行：人民交通出版社股份有限公司
地　　址：（100011）北京市朝阳区安定门外外馆斜街 3 号
网　　址：http：//www.ccpcl.com.cn
销售电话：（010）59757973
总 经 销：人民交通出版社股份有限公司发行部
经　　销：各地新华书店
印　　刷：北京虎彩文化传播有限公司
开　　本：720×960　1/16
印　　张：7
字　　数：110 千
版　　次：2020 年 9 月　第 1 版
印　　次：2020 年 9 月　第 1 次印刷
书　　号：ISBN 978-7-114-15705-9
定　　价：32.00 元
（有印刷、装订质量问题的图书由本公司负责调换）

目　录

CONTENTS

1 概　　述

1.1 研究背景与意义

1.1.1 研究背景

近年来，我国交通基础设施规模不断扩大，运量也快速增长，公路、水路等运输方式组成的运输网络得到了空前的发展。综合运输体系将多种运输方式根据运输过程本身的要求联系在一起，既分工又合作，作为一个完整便捷的系统来满足社会经济发展对运输的需求。

发展综合运输行业不仅是经济发展的需要，也是国家的重要战略。党的十九大报告中明确指出要“加快发展综合运输体系”，“十三五”规划纲要中也明确提出“构建现代综合交通运输体系”的发展目标，加快推进现代综合运输体系的建设，将是未来一个时期我国交通运输业发展的战略任务。因此，研究综合运输行业的发展趋势对我国交通的发展来说至关重要。

一方面，综合运输是协调各种运输方式使之优势互补、充分利用的先进理念，对其趋势的研究是现代交通发展的必经之路。综合运输是市场经济发展到一定阶段在科技创新和制度创新的作用下产生的一种现代交通运输的组织形式。实现这一运输形式将减少客货运输的中间环节，提高运输组织水平，协调各种运输方式的衔接，提高运输效率，降低运输成本，实现合理运输。我国综合运输行业建设始于计划经济时代，发展于计划经济向市场经济的转型时期，在体系的建设与发展方面取得了一定的成果。

综合运输行业发展是国家经济建设的需要。交通运输是国民经济发展和社会发展的重要基础，为推进国民经济与社会发展、国防建设与国土开发，国家需要一个完善的综合运输体系。为满足国家整体发展战略的实施与经济建设的需要，以及提高国家的整体竞争力和综合国力，综合运输体系以最小的运输资源消耗来获得最大的运输能力、运输效率与效益。综合运输体系实现了各种运输方式在总量、结构、布局上做到合理配置，在运作方式上优势互补、相互协调、形成一个有机整体，并能为客货用户提供最安全、方便、快捷、舒适和经济的服务。

另一方面，12328电话系统建设与运行不断进步，能够切实反映综合运输行业发展趋势。12328作为全国统一的交通运输服务监督电话专用特服号码，是交通运输行业统一的社会公益性服务监督电话。12328的主要功能包括交通运输行业的服务监督、投诉举报、咨询服务等，业务领域主要覆盖道路运输、公路、水路等行业。2018年上半年，12328电话系统共受理有效业务1219.93万件。12328电话系统基础数据准备充分，基于12328指数进行综合运输行业趋势研究的条件已经具备。

1.1.2 研究意义

综上所述，开展基于12328指数的综合运输行业趋势研究具有以下三个方面的意义。

（1）支撑交通运输治理体系建设

交通运输治理主要是从上到下的管理式治理，缺乏民众的参与反馈，难以准确把握民众的需求。而依托12328综合交通运输服务电话系统以民众的投诉举报、信息咨询或意见建议为基础进行科学分析，有助于找出当下交通运输问题所在，为交通运输治理体系建设提供科学数据支撑。

（2）加快运输服务转型升级步伐

交通运输是国民经济在生产过程中连接各部门的链条和纽带，是一个感应度和带动度很高的基础产业。近年来，交通运输建设紧紧抓住扩大内需的历史性机遇，建网提速、内外畅通，使得我国交通基础设施规模不断扩大，运量也快速增长。但是，传统交通基础设施建设已经不能满足当今社会的发展需要，现更需要的是增强交通运输服务管理力度，以合理有效的管理，解决交通运输行业出现的越来越多的急需解决的问题，提高人民群众的满意度，才是当务之急。根据已开通的12328交通运输服务电话系统，听取群众建议，解决群众诉求，从人民需求出发，发展现代交通运输服务，能促进交通服务的转型升级，加快交通运输行业向更高层次、更高质量、更全方面方向发展的步伐。

（3）打造综合交通服务体系基础

交通运输是国民经济的基础性、先导性产业，该产业的发展水平与国民经济的发展有着极为重要的联系。长期以来，我国交通运输行业存在的问题有：交通基础设施总体规模不能满足经济发展的需要；耗能高、污染严重，不符合可持续发展的要求；各种运输方式分工不合理，市场竞争不规范，不利于交通基础设施优势的发挥。通过12328运输服务电话，可以帮助分析交通运输发展问题及趋势，掌握交通运输态势，更有针对性地解决交通运输关键问题，为未来打造综合现代化的交通运输体系打下良好基础。

1.2 研究思路及技术路线

本研究的思路，即通过对交通运输各个领域不同方面的分析，建立一套全面、系统、科学的指标体系。

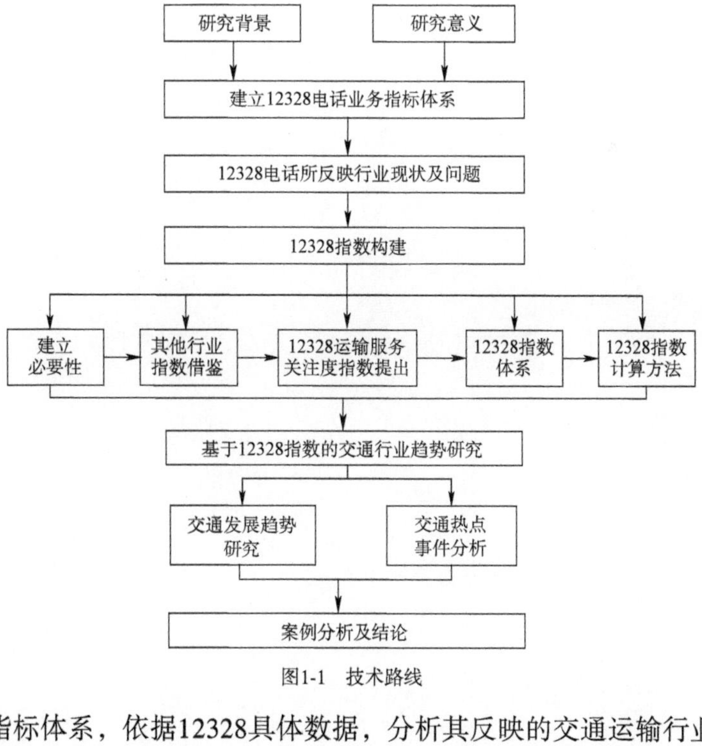

图1-1 技术路线

通过指标体系，依据12328具体数据，分析其反映的交通运输行业现状及主要问题，协助相关部门改进工作。

之后构建12328运输服务关注度指数，依据数据分析，得出群众对交通运输服务行业的一个关注度水平，并以此作为交通运输服务质量优劣的考核标准。

最后，通过应用Citespace分析软件，进行交通运输发展趋势预测，把握未来需要重视的交通问题及需要做好的准备，最终形成一套科学完整的基于12328指数的交通运输服务新模式。技术路线如图1-1所示。

2　12328电话业务指标体系的构建

2.1　构建原则

指标体系是否结构清晰、层次分明，决定了12328指数模型构建的开展是否顺利。12328电话业务的指标涉及的内容是一个庞杂的体系，因此在指标构建时应遵循全面性、科学性、可操作性、分层合理的原则。

2.1.1　全面性原则

全面性原则是指所建立的指标体系应能够全面反映12328电话业务的管理内容与服务范围，对综合运输行业作出比较完整的划分和全面的覆盖。系统的优化指标数量及其体系结构，能够以较少的指标较全面地反映12328的业务，以此避免指标体系过于庞大带来的效率低下。而且，要注意指标的规范性，使业务指标体系的通用性增强，这就意味着各个具体指标在其含义、口径范围、计算方法、计算时间和空间范围等方面要相互衔接和相互协调。

2.1.2　科学性原则

科学性原则是指指标体系构建要充分地考虑12328电话业务的事实特点和相应的实际情况。具体而言，要兼顾到不同地区、不同经济发展水平、不同层次业务的实际条件，这样指标值既能进行横向上的空间比较，又能进行纵向上的历史比较，从而提高评价结果的有效度和可信度。

2.1.3　可操作性原则

可操作性原则是在全面性、科学性得到保证的条件下，尽可能简化指标体系。指标设计最终目的是用来构建12328指数模型并以此预测综合运输行业的发展趋势，所以要考虑到实践的可行性，指标数据应该易于获取，必须有可靠的信息来源渠道。计算指标值方法尽量标准、规范化，有较强可靠性数据源。

2.1.4 分层合理原则

12328电话业务指标体系由相互联系、相互制约的一系列项目与子项目构成，这个系统由不同级别、不同门类、不同层次的子系统构成。这些构成要素要具有代表性，可以从一个方面或者一个角度来反映12328电话业务情况，并且目标与目标之间要具有递进性。

2.2 体系架构

构建12328电话业务指标体系，首先要深入分析其服务的构成，并系统地研究各构成要素在总体上所占的分量。业务体系架构的确定是12328指数模型构建的基础。12328电话业务主要覆盖公路、水路、道路运输等行业，服务范围集中在投诉举报、信息咨询、意见建议等领域。

基于12328电话业务管理内容与服务范围， 12328电话业务指标体系由公路、水路、道路运输、城市客运、海上搜救、海事、救助打捞七个方面构成。

2.2.1 公路

公路业务主要包括区域内交通运输主管部门及其内设机构、直属单位、派出机构，在公路相关的规划、立项、建设、养护、经营、使用和管理等方面的主要业务。

公路领域业务主要包括：公路规划、立项、建设、运营等服务与管理；养护保通、超载超限管理、路政执法等公路路政服务；公路出行信息服务、路网运行监控、调度等公路出行服务；车辆通行费征收服务及管理；公路沿线标志标线及绿化等交通工程设施相关服务与管理；公路工程项目各阶段技术管理、质量管理，公路建设市场管理；公路生产安全事故预防、公路应急预案和应急救援组织等公路应急服务；公路建设、养护与管理的科学技术研究、开发及推广应用；高速公路的建设管理、营运管理、养护管理及资产管理；公路系统行业统计、信息化、节能减排等工作；其他公路服务与管理工作。

2.2.2　水路

水路业务主要包括本区域交通运输主管部门及其内设机构、直属单位、派出机构，在有关水路基础设施建设、水路运输管理、港口航道管理等方面的主要业务。

水路领域业务主要包括：水运工程初步设计、开工、竣工、招投标等项目实施与监督管理；港口、航道等规划、建设及设施管理，港口岸线资源管理和保护；水运工程技术标准与运营规范制定与执行；水路运输市场准入、市场信用等服务与监管；水路旅客运输服务与管理；港口集疏运、生产经营、安全生产管理及船舶引航服务及管理；水路交通规费征收等行政执法；地方海事、内河水域船舶及船舶载运货物安全监督；内河船舶经营许可、船舶交易、经营性船舶检验、船舶登记与配员，船员资质管理；船舶和水上设施检验，船舶和船用产品的审图、检验；内河水上交通应急处置、污染防治、消防和救助打捞、交通防汛，水路交通战备与国防等；水路交通区域合作交流；水路交通行业统计、信息化、节能减排等工作；其他水路服务与管理工作。

2.2.3　道路运输

道路运输业务主要包括本区域交通运输主管部门及其内设机构、直属单位、派出机构，在道路旅客运输、道路货物运输、枢纽场站、车辆技术管理、汽车维修、机动车驾驶员培训、汽车租赁、国际运输、运政执法等方面的主要业务。

道路运输领域业务主要包括：道路运输站（场）规划、建设、运营等服务与管理；本区域物流业发展规划、物流业有关政策制定与执行；道路旅客运输、道路货物运输运营服务与行业监管；道路运输行政许可、行政处罚等工作及其行为监督；道路运输安全监督管理和应急运输保障；机动车维修行业管理、机动车驾驶员培训管理等；道路运输行业信息统计分析与发布；道路运输行业信息化建设、科研项目管理和节能减排；其他道路运输服务与管理工作。

2.2.4 城市客运

城市客运业务主要包括本区域交通运输主管部门及其内设机构、直属单位、派出机构，在城市客运服务及行业管理等方面的主要业务。

城市客运领域业务主要包括：城市公共交通规划、建设与实施，城乡公交一体化规划与实施；城市客运、城市地铁、轨道交通等公共交通营运服务，公共交通行政执法和运营服务质量管理等；公交线路开辟、客运场站布局、班线运力的调整等；出租汽车经营许可、运营服务、运营保障、监督管理等；城市公共自行车系统建设、运营与管理；城市轮渡运营服务与管理；城市公共交通客运行业安全生产的监督管理和应急管理；公共交通客运行业技术进步、信息化建设、环境保护、节能减排、行业信息统计及发布等；其他城市客运服务与管理工作。

2.2.5 海上搜救

海上搜救业务主要包括本区域交通运输主管部门及其内设机构、直属单位、派出机构、海上搜救领域（指区域范围内的各级海上搜救中心，包括国家、省级搜救中心及省级搜救分中心），在海（水）上事故等做出的搜寻、救援等方面的主要业务。

海上搜寻救助，是指船舶、设施、航空器及其人员在海（水）上遇险，以及其他活动造成或者可能造成海上人员伤亡、海域污染的突发事件时，海上搜救中心组织搜救力量，搜寻救助遇险人员、控制海域污染的活动。我国海上搜救工作，由国务院相关部委、军队有关部门组成的“国家海上搜救部际联席会议”负责协调。其办事机构中国海上搜救中心主要负责海（水）上突发事件预警预防，人命救助、环境救助和财产救助，重要通航水域清障以及海盗事件信息的接收与处理。

2.2.6 海事

海事业务主要包括本区域交通运输主管部门及其内设机构、直属单位、海事领域派出机构，在海事等方面的主要业务。

海事业务内容包括：各海事机构对辖区水域通航秩序和通航环境的管理；对

辖区口岸的船舶监督管理工作；对船舶、海上设施检验行业管理以及船舶适航和船舶技术管理；对辖区船员的管理及船员权益保障工作；对辖区内船载危险货物及其他货物、防治船舶及有关作业活动污染水域的监督管理；对航运公司及其船舶的安全管理体系进行审核与发证工作；对航运公司及其船舶的安全管理体系进行审核与发证工作；对海事行政执法的规范管理。

2.2.7 救助打捞

救助打捞业务主要包括本区域交通运输主管部门及其内设机构、直属单位、派出机构救助打捞领域，在救助打捞等方面的主要业务。

救助打捞领域业务范围：中国水域发生的海上事故中船舶和海上设施财产救助、沉船沉物打捞、港口及航道清障、沉船存油和难船溢油的应急清除；提供水上、水下工程作业服务；承担国家指定的特殊的政治、军事、救灾等抢险救助、打捞任务等工作。

2.3 业务指标

通过对各项指标的优化处理和调查咨询，最后确定出12328电话业务指标体系，基于公路、水路、道路运输、城市客运、海上搜救、海事、救助打捞七个系统层次建立12328电话业务指标体系，如表2-1所示。

12328电话业务指标体系 表2-1

一级业务编码		二级业务编码		三级业务编码		四级业务编码		注　释
01	高速公路	01	规划立项	01	规划			包括高速公路建设里程、途经地点、建设周期等
				02	立项			已纳入规划项目的立项情况，如审批情况，建设安排、线路走向等
				03	相关数据			如通车里程、通车时间、出入口数量及分布等
				99	其他			群众建议的项目建设需求等

续上表

一级业务编码		二级业务编码		三级业务编码		四级业务编码		注　释
01	高速公路	02	工程建设	01	建设进度	01	建设计划	项目的建设计划
						02	进度实施	对进度的控制与管理
						99	其他	
				02	工程质量	01	制度	包括责任制度、检查制度、事故处理制度、评价制度等
						02	管理	包括质量管理体系、过程控制、现场监督、项目档案管理等
						03	质量	包括可靠性、耐久性、安全性以及观感质量等方面
						99	其他	
				03	施工矛盾			因施工引发的社会矛盾、生态环境问题等
				04	施工环境	01	施工噪声	施工噪声干扰周边群众生产、生活等情况
						02	施工扬尘	施工扬尘影响附近群众正常生产、生活环境等情况
						99	其他	
				05	建设市场			包括市场开放程度、市场秩序以及相关政策法规等
				06	技术管理			包括公路技术标准、施工技术管理等
				99	其他			
		03	路网服务	01	路况咨询	01	临时管制	事故或特殊事件临时封路管制等情况
						02	施工影响	影响通行的范围与时段等情况
						03	拥堵信息	拥堵原因、拥堵程度、疏解情况、绕行方案等方面的信息
						04	恶劣天气	恶劣天气或自然灾害，如大雾、雾霾、雨雪、冰冻、塌方、滑坡、泥石流等情况下的通行影响
						99	其他	
				02	路线咨询			起终点间重要途经点、路线选择等具体出行路径查询
				03	服务区	01	公共卫生间	包括设施维护、环境卫生等情况
						02	餐饮	包括食品质量与安全、环境卫生、文明服务等

续上表

一级业务编码		二级业务编码		三级业务编码		四级业务编码		注　释
01	高速公路	03	路网服务	03	服务区	03	客房	包括设施功能、环境卫生、文明服务、安全管理等
						04	停车场	包括交通标志标线、护栏等设施设备配置，以及治安环境
						05	加油（气）站、充电站	包括设施设备是否充足，计量、计价是否合规，以及环境卫生、文明服务、消防安全等
						06	便利店	文明服务与规范经营等情况
						07	车辆维修站	包括维修质量、收费与服务水平等
						08	内部管理	包括管理体制、工作流程等
						99	其他	包括无线网络服务以及其他查询服务等
				04	公众参与			出行人主动反映的可供发布、提示或需要及时干预的信息，包括高速公路车辆逆行、交通事故、摩托车上高速、路面抛洒物等方面的提示
				05	车辆清理			包括车辆救援、事故清理等
				06	车辆限（禁）行			包括限高、限宽及危险货物运输车辆限（禁行）信息提示等
				99	其他			
		04	收费	01	收费标准及收费计量			包括收费里程、称量计重等
				02	收费政策	01	绿色通道	运输鲜活农副产品绿色通道有关的优惠政策，包括免费产品种类、通行线路及其他相关规定
						02	重大节假日免收通行费	包括免费时段、免费车型等信息
						99	其他	其他特殊优惠政策
				03	ETC	01	读卡故障	无法正常识别读卡
						02	卡片办理	包括 ETC 卡办理网点、办理流程、相关手续等
						03	收费结算	包括收费标准、扣费方式等
						04	网点服务	包括 ETC 办理网点、营业时间等

续上表

一级业务编码		二级业务编码		三级业务编码		四级业务编码		注释
01	高速公路	04	收费	03	ETC	05	发票问题	包括发票开具方式、发票验真等
						99	其他	
				04	文明服务			收费、验货人员服务态度等
				05	收费站排队			包括收费车道开放数量、排队长度、排队时间等
				99	其他			
		05	养护保通	01	安保设施			包括行车指示线、限速等标识标线，防眩防噪、护栏、隔离栅、安全岛等行车安保设施等
				02	照明设施			包括埋地灯具、投射灯具等的维护
				03	绿化景观			包括对防护林带、风景林带、防护草皮以及小型园林和花圃草坪等的养护
				04	养护质量	01	桥隧	对桥梁、隧道（包括立交桥、涵洞等）的定期检测、及时维护情况
						02	路面	包括路面局部养护、罩面、翻修以及路障清理等
						99	其他	
				05	恶劣天气气候保通			恶劣天气或自然灾害，如冰冻、雪灾、塌方、滑坡等情况下的保通或抢通措施，如抛洒路面融雪剂、塌方或滑坡路段及时处置等
				06	路障清理			对路面抛洒物等影响正常行驶障碍物的清理
				99	其他			
		06	路政执法	01	超载超限			对超限超载行为的认定、处罚
				02	大件运输			包括办理程序、要求等
				03	路产路权			包括违法或不文明停车、占用应急通道、违规非标、偷盗公路附属设施设备等情况
				04	文明执法			执法资格、流程、方式、自由裁量和服务态度等
				99	其他			
		99	其他					

续上表

一级业务编码		二级业务编码		三级业务编码		四级业务编码		注　释
02	普通公路	01	规划立项	01	规划			包括普通公路建设里程、途经地点、建设周期等
				02	立项			已纳入规划项目的立项情况，如审批情况，建设安排、线路走向等
				03	相关数据			通车里程、通车时间等
				99	其他			群众建议的项目建设需求等
		02	工程建设	01	建设进度	01	建设计划	项目的建设计划
						02	进度实施	对进度的控制与管理
						99	其他	
				02	工程质量	01	制度	包括责任制度、检查制度、事故处理制度、评价制度等
						02	管理	包括质量管理体系、过程控制、现场监督、项目档案管理等
						03	质量	包括可靠性、耐久性、安全性以及观感质量等方面
						99	其他	
				03	施工矛盾			因施工引发的社会矛盾、生态环境问题等
				04	施工环境	01	施工噪声	施工噪声干扰周边群众生产、生活等情况
						02	施工扬尘	施工扬尘影响附近群众生产、生活环境等情况
						99	其他	
				05	建设市场			包括市场开放程度、市场秩序以及相关政策法规等
				06	技术管理			包括公路技术标准、施工技术管理等
				99	其他			
		03	路网服务	01	路况咨询	01	临时管制	事故或特殊事件临时封路管制等情况
						02	施工影响	影响通行的范围与时段等情况
						03	拥堵信息	拥堵原因、拥堵程度、疏解情况、绕行方案等方面的信息

续上表

一级业务编码		二级业务编码		三级业务编码		四级业务编码		注　释
02	普通公路	03	路网服务	01	路况咨询	04	恶劣天气	恶劣天气或自然灾害，如大雾、雾霾、雨雪、冰冻、塌方、滑坡、泥石流等情况下的通行影响
						99	其他	
				02	路线查询			起终点间重要途经点、路线选择等具体出行路径查询
				03	沿线配套设施	01	加油（气）站、充电站（桩）	包括加油（气）站、充电站（桩）位置，计量计价、服务质量情况，以及消防安全等
						02	车辆维修	包括维修质量、收费与服务水平等
						99	其他	包括移动支付服务、其他查询服务等
				04	公众参与			出行人主动反映、需要及时处理的影响通行安全的信息，如危险驾驶等安全隐患方面的信息
				05	车辆清理			包括车辆救援、事故清理等
				06	车辆限（禁）行			包括限高、限宽及危险货物运输车辆限（禁行）信息提示等
				99	其他			
		04	公路收费	01	收费标准及收费计量			包括收费里程、称量计重等
				02	优惠政策	01	绿色通道	运输鲜活农副产品绿色通道有关的优惠政策，包括免费产品种类、通行线路及其他相关规定
						02	重大节假日免收通行费	包括免费时段、免费车型等信息
						99	其他	其他特殊优惠政策
				03	文明服务			对收费、验货人员服务态度等
				04	收费站排队			包括收费车道开放数量、排队长度、排队时间等
				99	其他			
		05	养护保通	01	安保设施			包括行车指示线、限速、道路限界等标识标线，防眩、护栏、隔离栅、安全岛等行车安保设施，以及危险路段、事故多发路段警示标志等

续上表

一级业务编码		二级业务编码		三级业务编码		四级业务编码		注释
02	普通公路	05	养护保通	02	照明设施			包括埋地灯具、投射灯具等的维护
				03	绿化景观			包括对防护林带、风景林带、防护草皮以及小型园林和花圃草坪等的养护
				04	养护质量	01	桥隧	对桥梁、隧道（包括立交桥、涵洞等）的定期检测、及时维护情况
						02	路面	包括路面局部养护、罩面、翻修以及路障清理等
						99	其他	
				05	恶劣天气气候保通			恶劣天气或自然灾害，如冰冻、雪灾、塌方、滑坡等情况下的保通或抢通措施，如抛洒路面融雪剂、塌方或滑坡路段及时处置等
				06	路障清理			对路面抛洒物等影响正常行驶障碍物的清理
				99	其他			
		06	路政执法	01	超载超限			对超限超载行为的认定、处罚
				02	大件运输			包括办理程序、要求等
				03	路产路权			包括违法或不文明停车、占用应急通道，违规非标，偷盗公路附属设施设备等情况
				04	文明执法			执法资格、流程、方式、自由裁量和服务态度等
				99	其他			
		99	其他					
03	水路	01	规划立项					包括港口枢纽选址、航道走向以及立项审批情况等
		02	工程建设	01	建设进度	01	建设计划	项目的建设计划
						02	进度实施	对进度的控制与管理
						99	其他	
				02	工程质量	01	制度	包括责任制度、检查制度、事故处理制度、评价制度等
						02	管理	包括质量管理体系、过程控制、现场监督、项目档案管理等

续上表

一级业务编码		二级业务编码		三级业务编码		四级业务编码		注　释
03	水路	02	工程建设	02	工程质量	03	质量	包括可靠性、耐久性、安全性以及观感质量等方面
						99	其他	
				03	安全			包括安全设施、安保措施等
				04	建设市场			包括市场开放程度、市场秩序以及相关政策法规等
				05	技术管理			包括水路技术标准、施工技术管理等
				99	其他			
		03	水路旅客运输	01	普通客船旅客运输（含游轮运输）	01	运输资格	包括办理流程、要求，资格查询等内容
						02	服务质量	包括环境卫生及秩序维护，运输准时性、舒适性，信息发布，发班间隔，票务以及文明服务等
						03	运输安全	码头和船上安全设施设备、旅客及行李的安全保障，安全制度等
						99	其他	
				02	客货船旅客运输	01	运输资格	包括办理流程、要求，资格查询等内容
						02	服务质量	包括环境卫生及秩序维护，运输准时性、舒适性，信息发布，发班间隔，票务以及文明服务等
						03	运输安全	码头和船上安全设施设备、旅客及行李的安全保障，安全制度等
						99	其他	
				03	滚装客船旅客运输	01	运输资格	包括办理流程、要求，资格查询等内容
						02	服务质量	包括环境卫生及秩序维护，运输准时性、舒适性，信息发布，发班间隔，票务以及文明服务等
						03	运输安全	码头和船上安全设施设备、旅客及行李的安全保障，安全制度等
						99	其他	

续上表

一级业务编码		二级业务编码		三级业务编码		四级业务编码		注　　释
03	水路	03	水路旅客运输	04	国际邮轮运输	01	运输资格	包括办理流程、要求，资格查询等内容
						02	服务质量	包括环境卫生及秩序维护，运输准时性、舒适性，信息发布，发班间隔，票务以及文明服务等
						03	运输安全	码头和船上安全设施设备、旅客及行李的安全保障、安全制度等
						99	其他	
				99	其他			
		04	水路货物运输	01	普通货物运输	01	运输资格	包括办理流程、要求，资格查询等内容
						02	服务质量	包括运输时效性、货损货差、文明服务等
						03	运输安全	对运输安全的保障，包括安全措施、设施设备等
						99	其他	
				02	危险货物运输	01	运输资格	包括办理流程、要求，资格查询等内容
						02	服务质量	包括运输准时性、货损、实时查看、防护要求等
						03	运输安全	对运输安全的保障，包括安防措施、设施设备、应急预案等
						99	其他	
				99	其他			
		05	港口管理	01	港口许可			包括许可办理、资格查询等
				02	维护管理			包括港口设施维护管理等
				99	其他			
		06	航道管理	01	船闸管理			包括船闸的养护、船舶过闸的管理等
				02	航道管理			包括航道设施的维护、航道环境的保护等
				99	其他			
		07	水路执法	01	执法依据			现行有关法律、法规、规章

续上表

一级业务编码		二级业务编码		三级业务编码		四级业务编码		注　释
03	水路	07	水路执法	02	执法行为	01	执法程序	按规定执法等
						02	执法作风	包括粗暴执法、趋利执法等
						03	自由裁量	对自由裁量的判断与评价
						99	其他	
				99	其他			
		99	其他					
04	道路运输	01	客运汽车站	01	安全	01	实名制	包括按规定实行实名售票、乘车实名查验等
						02	安检	安检操作服务质量，包括安检人员、安检仪器、安检操作等
						03	封闭管理	客运站执行无关人员、无关车辆不进站（发车区）情况
						04	出站检查	“六不出站”执行情况（超员客车不出站、安全例行检查不合格客车不出站、驾驶员资质不符合要求不出站、客车证件不齐不出站、出站登记表未签字不出站、乘客未系安全带不出站）以及车载卫星定位装置功能核查等
						99	其他	
				02	服务	01	站内环境	包括候车、发车、售票等区域引导和秩序维护，候车卫生环境维护等
						02	价格行为	包括班车票价、站内服务项目价格公示情况，执行优待票、儿童票等政策情况，执行退票管理相关规定情况等
						03	服务态度	如站内咨询服务、老幼病残孕特殊乘客服务等
						04	站内设施	卫生、消防、饮水、特殊旅客候车等区域设施设备配置服务情况
						05	售票服务	售票窗口开启量，执行优先购票政策，自助购票机、取票机等配置服务情况
						99	其他	

续上表

一级业务编码		二级业务编码		三级业务编码		四级业务编码		注释
04	道路运输	01	客运汽车站	99	其他			
		02	道路客运	01	安全	01	驾驶行为	不规范的、有安全隐患的驾驶行为，如疲劳驾驶、超速、不专心驾驶、无故不开GPS等
						02	乘客行为	包括影响驾驶员驾驶、对其他乘客安全造成威胁的行为等
						03	安全管理	站点外违规上下客，超员、违规载货，凌晨2时至5时未停车休息或未实行接驳运输等
						04	车辆技术	客车技术故障、动态监控运行终端异常等
						05	安全宣传	未执行道路客运安全告知制度，未播放安全告知宣传片等
						06	危险路况	山区公路或低等级公路行驶等
						99	其他	
				02	服务	01	车辆状况	包括车辆新旧程度、车辆舒适性、车内设施设备等
						02	文明服务	为老幼病残孕等特殊旅客提供帮助、服务态度等
						03	经营行为	班车站外揽客、倒客、甩客、不按规定线路或公布的班次行驶，包车客运不按包车客运标志牌载明事项运行，旅游包车异地经营，旅游包车按班车模式定点定线运营，招揽包车合同以外的旅客乘车等；以及未经许可的经营行为。不执行优待儿童票政策、不执行退票管理相关规定等违规行为
						04	售票服务	网络售票、电子客票服务等
						99	其他	
				99	其他			
		03	道路客运行政审批	01	经营许可			包括道路班车、包车、旅游客车客运站许可条件、申请程序、审批进展等
				02	运输资格			包括客运企业、客运车辆运输资格等

续上表

一级业务编码		二级业务编码		三级业务编码		四级业务编码		注释
04	道路运输	03	道路客运行政审批	99	其他			
		04	道路客运政策	01	城乡道路客运一体化			地方城乡道路客运一体化发展政策等
				02	道路客运补助			客运站建设补助、农村客运运营补助等
				03	道路客运转型升级			定制客运、班线客运许可调整等
				99	其他			
		05	道路货物运输	01	普通货物运输	01	运输资格	包括办理流程、要求，资格查询等内容
						02	服务质量	包括运输准时性、货损货差等
						03	运输安全	对运输安全的保障，包括安全措施、设施设备等
						99	其他	
				02	危险货物运输	01	运输资格	包括办理流程、要求，资格查询等内容
						02	服务质量	包括运输准时性，行驶控制要求，实时查看、防护要求等
						03	运输安全	对运输安全的保障，包括安防措施、设施设备、应急预案等
						99	其他	
				03	大件运输	01	运输资格	包括大件运输办理的流程、要求、进展等
						02	服务质量	包括运输准时性、货损等
						03	运输安全	对运输安全的保障，包括安全措施、设施设备等
						99	其他	
				04	无车承运	01	经营资格	包括办理流程、要求，资格查询等内容
						02	平台监管	包括对实际承运人的经营资质、车辆行驶证和道路运输证以及驾驶员机动车驾驶证和从业资格证等的审核把关，货物过程跟踪与安全监管等
						03	服务质量	包括运输准时性、货损货差等

续上表

一级业务编码		二级业务编码		三级业务编码		四级业务编码		注释
04	道路运输	05	道路货物运输	04	无车承运	99	其他	如收费及结算方式、提单、赔偿责任等
				05	商品车运输	01	安全保障	对运输安全的保障，包括安全措施、设施设备等
						02	车型标准	商品车运输车型要求
						03	行驶时段	相关路段允许商品车运输的时段
						99	其他	如车损赔偿等
				06	冷链运输	01	运输资格	包括冷藏运输车的市场准入、年审等
						02	服务质量	包括温控记录是否合理等
						99	其他	
				99	其他			
		06	从业人员管理	01	客运驾驶员从业管理			包括驾驶员从业资格申请、考试、从业资格证发放等
				02	货运驾驶员从业管理			包括普通货物运输、道路危险货物运输从业资格申请、考试、从业资格证发放等
				99	其他			
		07	车辆技术管理	01	车辆维护			指为保持车辆良好技术状况采取的车辆维护
				02	车辆检测管理			包括检测周期、频次，服务质量等
				03	联网联控			如定位终端安装相关问题等
				99	其他			
		08	机动车维修	01	经营管理			包括经营资质、范围等
				02	维修质量	01	规范服务	包括服务流程、服务规范、服务态度等
						02	故障排除	包括故障诊断的准确性与维修质量
						03	维修周期	维修时效
						04	配件问题	包括配件质量、配件追溯等
						99	其他	

续上表

一级业务编码		二级业务编码		三级业务编码		四级业务编码		注　释
04	道路运输	08	机动车维修	99	其他			
		09	机动车驾驶员培训	01	经营资质			
				02	费用纠纷			包括乱收费用、拖延退费等
				03	服务质量	01	规范服务	包括收受学员礼物、态度恶劣等
						02	课程安排	包括课程安排合理性、及时性，学时安排合理性，以及允许学员根据自身情况对课程进行协商调整等
						03	考试预约与报名	包括城市网点报名、预约学车、预约考试，营运驾驶员从业资格培训管理及考试等事项
						04	培训效果	学员对培训效果的反馈与评价
						99	其他	
				99	其他			
		10	国际运输	01	国际运输			包括运输资格办理及要求、运输要求、车辆要求等
				99	其他			
		11	运政执法	01	执法依据			
				02	执法行为	01	执法程序	按规定执法等
						02	执法作风	包括粗暴执法、趋利执法等
						03	自由裁量	对自由裁量的判断与评价
						99	其他	
				99	其他			
		99	其他					
05	城市客运	01	公共汽电车	01	站点	01	站点设置	乘车方便性、换乘便捷性
						02	站点设施	包括栏杆、棚顶、等候设施等
						03	标志标识	公交站牌标识，包括站点名称、线路编号、线路票价、服务时间等
						99	其他	
				02	线路			包括线路走向、站点分布等
				03	车辆			包括车辆新旧程度、车辆舒适性、车内设施设备、车容车貌等

续上表

一级业务编码		二级业务编码		三级业务编码		四级业务编码		注　释
05	城市客运	01	公共汽电车	04	运行时间	01	运行间隔	包括发车间隔、等待时间等
						02	首末车时间	首班车、末班车发车时间
						03	夜间公交	包括服务时间、票价等
						99	其他	
				05	服务	01	环境卫生	包括候车、乘车卫生环境
						02	信息发布	到站提醒信息等
						03	购票	乘车购票方式
						04	拒载	到站停靠后拒绝乘客上车
						05	到站不停车	到站不停靠继续行驶
						06	不按线路行驶	不按照规定的运行线路行驶
						07	甩客倒客	包括未到站点时将乘客驱赶下车、未到站点时强迫乘客换乘其他公共汽电车等
						08	滞站揽客	在站点完成揽客后停留时间较长，以至于影响站点正常运行秩序、造成交通拥堵等
						09	不按时发车	不按规定的发车时间发车
						10	不按规定开空调、暖气	不按照规定开空调、暖气
						11	文明服务	司乘人员服务态度等
						12	无障碍服务	包括电梯、无障碍设施等
						99	其他	
				06	行驶安全	01	安全带	驾驶员行驶过程中不系安全带
						02	超速	驾驶员行驶过程中超速
						03	文明驾驶	包括驾驶过程中随意变道、司乘人员打电话或聊天等
						04	闯红灯	驾驶员行驶过程中闯红灯
						05	公众提示	包括车门故障、车厢内安全隐患等

续上表

一级业务编码		二级业务编码		三级业务编码		四级业务编码		注　释
05	城市客运	01	公共汽电车	06	行驶安全	99	其他	
				07	一卡通	01	网点分布	一卡通业务办理网点的数量与分布
						02	使用范围	适用的地域范围、使用领域等；在郊区、周边城市或其他城市公交使用，以及购买水、电、气等
						03	业务办理	一卡通业务的办理，充值、退费、退换卡等
						99	其他	
				08	失物招领	01	财物遗失	包括财物遗失的反映、招领渠道查询等
						02	找回	是否找回及失物领取方式
						99	其他	
				99	其他			如表扬等
		02	城市轨道交通	01	站点			乘车方便性，换乘便捷性
				02	服务	01	售票服务	包括票价、购票便捷性、自动售票设备等
						02	无障碍服务	包括电梯、无障碍设施等
						03	环境卫生	包括候车、乘车卫生环境
						04	信息发布	包括首末车发车时间、到站提醒等
						99	其他	
				03	安全保障	01	安检操作	安检操作服务质量，包括安检人员、安检操作以及禁带物品处理等
						02	安全设施	包括屏蔽门、消防锤、安检设施设备等
						03	运行秩序	包括候车、乘车现场秩序
						99	其他	
				04	运行时间	01	运行间隔	包括发车间隔、等待时间等
						02	首末车时间	首班车、末班车发车时间
						99	其他	

续上表

一级业务编码		二级业务编码		三级业务编码		四级业务编码		注　释
05	城市客运	02	城市轨道交通	05	指示标识			包括换乘引导标识，出入口及周边指路信息，公共卫生间、电梯指示信息等
				06	失物招领	01	财物遗失	包括财物遗失的反映、招领渠道查询等
						02	找回	是否找回及失物领取方式
						99	其他	如失物招领电话查询等
				99	其他			如表扬等
		03	巡游出租汽车	01	服务	01	拒载	待租状态下拒绝搭载乘客
						02	绕路	包括偏离常规线路行驶、超出正常距离或时间、收取超额费用等
						03	甩客	未到目的地终止服务等
						04	计价议价	包括不使用计价器、议价、计价器不准确等
						05	拼客	在乘客拒绝与他人合乘的情况下仍搭载其他乘客
						06	票据	包括票据与实际不符、不提供票据等
						07	文明驾驶	包括违章变道、超速、接打电话、发微信、操作手机软件等影响乘客安全与舒适性的驾驶行为
						08	爽约	已接受电话预约但不应约提供相应服务
						99	其他	
				02	运营管理	01	打车难	包括等车时间过长、等不到车等
						02	油补	燃油等补贴是否足额、及时发放
						03	黑车经营	未取得有效经营资格上路运营等非法经营行为
						04	异地经营	出租车在异地且当地无经营许可的情况下拉客的行为
						99	其他	
				03	失物招领	01	财物遗失	包括财物遗失的反映、招领渠道查询等

续上表

一级业务编码		二级业务编码		三级业务编码		四级业务编码		注释
05	城市客运	03	巡游出租汽车	03	失物招领	02	找回	是否找回及失物领取方式
						99	其他	
				99	其他			如表扬等
		04	网络预约出租汽车	01	平台服务	01	管理	包括司机身份查验、车辆管理，以及对超范围经营、以巡游方式上街揽客等行为的管理等
						02	投诉	包括投诉举报渠道、解决的时效等
						03	资金	包括乘客账户资金安全以及退款时效等
						04	派单	乘客约车后等车的时间长短
						99	其他	
				02	运营服务	01	绕路	包括偏离常规线路行驶、超出正常距离或时间、收取超额费用等
						02	甩客	未到目的地终止服务等
						03	拼客	在乘客拒绝与他人合乘的情况下仍搭载其他乘客
						04	票据	包括票据与实际不符、不提供票据等
						05	文明驾驶	包括违章变道、超速、接打电话、发微信、操作手机软件等影响乘客安全与舒适性的驾驶行为
						06	爽约	接受网约订单后不应约提供相应服务
						07	收费	超出平台收费标准的收费
						99	其他	
				03	非法营运			包括未经许可擅自从事网约车经营，以及线上线下车牌号、车型、驾驶员不一致等
				99	其他			包括用户信息安全保障等
		05	小微型客车租赁	01	平台服务	01	查验	包括对承租方有效证件的查验、对车辆的查验等
						02	投诉	包括投诉举报渠道、解决的时效等
						03	资金	包括乘客账户资金安全以及退款时效等
						99	其他	

续上表

一级业务编码		二级业务编码		三级业务编码		四级业务编码		注释
05	城市客运	05	小微型客车租赁	02	责任认定	01	处罚	包括交通违章违法罚款、扣分等
						02	车损	车损的责任认定与赔偿
						03	事故	包括交通事故的责任认定、赔偿等
						99	其他	
				03	车辆停放			租赁车辆停放不当等
				99	其他			包括用户信息安全保障等
		06	公共自行车	01	平台服务	01	安全	包括禁止12周岁以下儿童骑行等信息警示，骑行前对刹车、骑行安全装置等进行检查的提示等
						02	投诉	包括投诉举报渠道、解决的时效等
						03	资金	包括乘客账户资金安全以及退款时效等
						99	其他	
				02	车辆停放			包括不按规定停放等
				03	投放调度			包括投放的数量和分布等
				04	车况			包括安全性、使用性能、新旧程度等
				99	其他			如用户信息安全保障等
		07	互联网租赁自行车	01	平台服务	01	安全	包括禁止12周岁以下儿童骑行等信息警示，骑行前对刹车、骑行安全装置等进行检查的提示等
						02	投诉	包括投诉举报渠道、解决的时效等
						03	资金	包括乘客账户资金安全以及退款时效等
						99	其他	
				02	车辆停放			包括不按规定停放、停放不当等
				03	投放调度			包括投放的数量和分布等
				04	车况			包括安全性、使用性能、新旧程度等
				99	其他			如用户信息安全保障等

续上表

一级业务编码		二级业务编码		三级业务编码		四级业务编码		注释
05	城市客运	08	城市轮渡	01	安全			包括安检服务、乘客安全装备与上下船安全提示、临时停航时的应急疏运、现场秩序维护等
				02	候乘环境			包括站内、船内、廊道卫生环境及现场秩序的维护
				03	信息发布			包括船期时刻表、变更通知，影响通航的天气信息，以及票价表、乘船须知等信息发布等
				04	运行时间			包括发班间隔、首末班时间等
				05	票务			包括支付方式、退票补票、票证等
				06	文明服务			工作人员服务态度
				99	其他			
		09	运政执法	01	执法依据			是否按现行有关法律、法规、规章执法，即执法的理由是否充分
				02	执法行为	01	执法程序	按规定执法等
						02	执法作风	包括粗暴执法、趋利执法等
						03	自由裁量	对自由裁量的判断与评价
						99	其他	
				99	其他			
		10	城市交通运行管理	01	停车管理			包括占道停车、道路停车泊位、停车标识、停车需求、停车资质查询等
				02	机动车牌照	01	摇号	包括小客车、新能源车牌照，摇号资格、摇号方式等
						02	拍卖	包括非营业性机动车牌照申请、资格变更，营业性机动车牌照等
						03	限行	包括外地车牌等特定车牌限行、尾号限行，特定时段限行等
						99	其他	
				99	其他			
		99	其他					
06	海上搜救	01	人命救助	01	人命救助			可能或已涉及生命危险的情况

续上表

一级业务编码		二级业务编码		三级业务编码		四级业务编码		注　释
06	海上搜救	01	人命救助	99	其他			
		02	环境救助	01	环境救助			可能或已造成海洋环境污染的海上事故等
				99	其他			
		03	财产救助	01	财产救助			可能或已造成货物损失的海上事故等
				99	其他			
		99	其他					
07	海事	01	通航管理	01	通航管理			包括船舶航行、停泊、作业以及通航保障等
				99	其他			
		02	船舶监督	01	船舶监督			包括港口开放时限、船舶登记、船舶安全监督等
				99	其他			
		03	船舶检验	01	船舶检验			包括船级检验、制造检验、定期检验、临时检验等
				99	其他			
		04	船员管理	01	船员管理			包括船员的准入、培训、监督管理、职业保障、考核奖惩等
				99	其他			
		05	危管防污	01	危管防污			包括船舶载运危险货物或其他船舶作业造成污染的监督管理、应急处置等
				99	其他			
		06	企业安全管理	01	企业安全管理			包括航运公司安全投入、船舶设施设备、船舶管理等
				99	其他			
		07	航海保障	01	航海保障			包括海事航标、港口航道、水上通信、海事服务等
				99	其他			
		99	其他					
08	救助打捞	01	打捞行业管理	01	打捞行业管理			包括打捞资质、行业行为等
				99	其他			

续上表

一级业务编码		二级业务编码		三级业务编码		四级业务编码		注　释
08	救助打捞	02	潜水员管理	01	潜水员管理			包括潜水员准入、培训、审核等
				99	其他			
		03	救捞标准	01	救捞标准			包括救捞标准规范的研究、制订、修订、宣贯、实施等
				99	其他			
		04	水下工程标准	01	水下工程标准			包括救助打捞行业水下工程标准规范的研究、制订、修订、宣贯、实施等
				99	其他			
		05	救捞技术咨询	01	救捞技术咨询			包括群众对救助、打捞相关技术、设施设备的咨询等
				99	其他			
		99	其他					

3　12328电话指标体系所反映的行业现状及主要问题

全面开通12328电话，是交通运输部面对改革发展新形势新要求，为改进提升运输服务水平、加强创新社会管理、保障和改善民生做出的重要部署。几年来，在全国交通运输系统的共同努力下，12328建设与运行管理工作取得了阶段性成效，较好地发挥了倾听民声、畅通民意、汇集民智的作用。

目前，全国330多个地市级以上城市全部开通运行了12328电话，22个省份实现了部、省、市三级联网运行，其余省份正在加快推进联网工作。2018年上半年，12328共受理有效业务1219.93万件。其中，投诉举报、信息咨询、意见建议三类业务分别为62.39万件、1138.81万件和18.73万件，分别占业务总量的5.11%、93.35%和1.54%。全国12328电话接通平均等待时长约为25秒（含导航语音提示时间），信息咨询类即时答复率为98.72%，限时办结率为95.48%（其中投诉举报类限时办结率为98.19%），抽查回访率为46.31%，回访关注率为95.43%，12328电话系统运行服务质量稳中向好，12328品牌形象逐步提升。

3.1　热点分布

12328电话所反映的热点问题涉及公路、城市客运、道路运输以及其他领域，主要集中在公路领域。2018年上半年，涉及公路、城市客运和道路运输领域的业务量分别为956.89万件、225.23万件和37.05万件，分别占业务总量的78.44%、18.46%和3.04%；涉及水路、海事、海上搜救、救助打捞等其他领域的电话业务量共计7550件，占业务总量的0.06%。

3.1.1 公路领域

在公路领域，12328电话所反映的热点问题主要分布在路网服务、公路收费、养护保通、路政执法等方面。其中，路网服务在公路领域12328电话业务分布中占比最大，2016年为95.82%，2017年为93.61%，2018年上半年为84.36%。该项业务受环境因素影响较大，恶劣天气环境的减少降低了路网服务信息咨询类业务发生率。此外，新媒体逐渐融入综合运输行业，一些地区先后通过网站、微信、微博以及手机APP等自媒体渠道主动推送路况信息，群众通过12328电话咨询路况信息的业务量明显减少。因此，近年来路网服务类业务在公路领域中所占比例逐渐下降。尽管如此，路网服务仍是12328业务的热点集中业务。

此外，12328电话系统在公路领域中反映的问题还涉及规划立项、工程建设、质量安全、建设市场、技术管理、路政执法等方面。

3.1.2 城市客运领域

在城市客运领域，12328电话所反映的热点问题主要分布在出租汽车、公共汽电车、城市轨道等方面。其中，出租汽车在城市客运领域12328电话业务分布中占比最大，2016年为43.20%，2017年为47.50%，2018年上半年为55.66%。出租汽车领域的问题集中在投诉，涉及绕路、甩客、拒载、计价器问题、违愿拼客、服务态度等方面。此外，近年来城市轨道信息咨询类业务量占比提升，群众咨询主要问题有城市轨道交通卡充值、余额、乘车二维码、虚拟公交卡等方面。

此外，12328电话系统在城市客运领域中反映的问题还涉及城市轮渡、运政执法等方面。

3.1.3 道路运输领域

在道路运输领域，12328电话所反映的热点问题主要分布在道路旅客运输、驾驶员培训、道路货物运输等方面。其中，道路旅客运输在道路运输领域12328电话业务分布中占比最大，2016年为42.17%，2017年41.08%，2018上半年为49.09%。

除道路旅客运输外，道路货物运输投诉举报类业务量占比逐年提升，投诉事项主要集中在货损、货差、保险理赔以及运输合同纠纷等方面；驾驶员培训投诉举报业务量同比上升，群众投诉举报违规开设驾培教学点、退费等事项较多；汽车维修投诉举报业务量同比下降，显示汽车维修领域市场环境趋好。

此外，12328电话系统在道路运输领域中反映的问题还涉及枢纽站场、车辆技术管理、汽车维修、汽车租赁、国际道路运输、运政执法等方面。

3.1.4 其他领域

12328电话系统全面反映出了综合运输行业的现状，除公路、城市客运、道路运输三个领域外，还能够说明水路、海事、海上搜救、救助打捞等方面的热点分布情况。其中，水路业务量占比较大，且随季节变更明显变化。咨询水路客运班次、航线、气象以及投诉船闸过闸、装卸作业效率相关事项较多。

3.2 现状与趋势

12328电话系统所反映出的综合运输行业的现状与趋势如下：

3.2.1 客运高速化

旅客对运输需求已不再仅仅是数量上的满足，对改善旅行条件、缩短旅途时间、提高服务水平等质量方面的需求与日俱增。以高速化为重点，安全、舒适、便捷的运输服务将是以后综合运输的发展方向之一。

3.2.2 货运物流化

信息产业空前的发展，使货运业在现代经济社会中的基础性作用发生变化，货运业将融入整个物流系统之中，最突出的特点就是综合性，它把生产、经营、销售与流通等环节综合起来，进行全面的、系统的管理，其目的是提升货物运输的总体效率和效益。因此，未来货运业的发展，总量增长有限，但货运质量、效率、服务将全面提高。

3.2.3 管理智能化

采用系统的方法，以计算机技术、通信技术、信息技术为工具，将运输对象、运载工具、运输网络等进行综合考虑来设计和改造运输系统，从而得到较强的综合运输网络通过能力。目前，世界各国的智能运输系统的研究主要集中在城市交通和高速公路领域，对于综合交通的智能化发展、各种运输模式之间的协调配台的研究应用尚处于初期阶段。智能运输系统的发展趋势将是从单一的运输模式的智能化向综合交通的多种运输模式的协调配合的智能化方向发展。

3.2.4 多种运输方式结构不断优化

从横向来看，各种运输方式在综合运输体系中所占比重正在不断调整优化。其中，随着我国高速公路网的逐步建成和基础路网的不断完善，以及新型车如大吨位厢式货车和专用车辆、大型豪华客车的推广使用，公路运输的经济运距和适应范围将大幅扩大，公路在整个综合运输体系中担负的作用进一步增强，公路运输所承担的客货运输量将会持续快速增长；今后我国进出口贸易仍将主要通过海上运输完成，随着我国加入WTO和经济全球化，对外贸易将会继续快速增长，港口吞吐量也将进一步增加，主要港口特别是集装箱、石油、天然气、矿石等专用码头的作用将更加重要，是现代综合运输体系不可缺少的重要组成部分，但是随着经济结构调整和产业升级以及能源输送方式的逐步变化等，除了内贸集装箱的运量会较快增长以外，今后沿海运输量的增长将较为缓慢，其作用会有所降低；内河水运在现代综合运输体系中的作用将随其他运输方式的增强而降低，在综合运输体系中只能起到一定的辅助作用。

3.2.5 多式联运发挥更加重要的作用

从纵向来看，多式联运这种新的运输组织形式将在综合运输体系中发挥越来越重要的作用。从运输发展史的角度看，各种运输方式既存在平等自由的竞争关系，也存在必要的合作关系，使之在运输系统中充分发挥自己的优势。多式联运就是在充分考虑各种运输方式优点以及综合运输系统需要的前提下，利用各种运输方式的相互合作关系，使运输费用减至最小，为产品提供更高的时间效用和地点效用。当今世界的交通运输，发展多式联运已经成为势不可挡的浪潮，在经济发达国家多式联运已经成为社会和经济发展之必需。多式联运的基本原则和最终目标就是要建立一个高效能的综合运输系统。而发达的综合运输系统一方面为开展多式联运提供了保证，另一方面综合运输系统也通过多式联运实现优化，在提高效率、促进技术、保证安全的前提下，花费最少的钱，提供更优质的运输。

3.3　行业新特点

综合运输行业发展追求的是现代基本运输方式之间高度的一体化，使运输对象实现“无缝式”的空间位移。12328电话所反映出的该行业的新特点如下：

3.3.1　各种运输方式互补优势突出

发达国家的运输结构是各种运输方式通过市场竞争形成的结果，代表了当代社会运输的发展趋势。我国的交通运输正处于大规模的建设发展阶段，具有后发优势，充分分析和借鉴发达国家交通运输发展的经验和最新的发展趋势，在发展过程中实现跨越，少走弯路，在大发展的过程中不断实现和完善各种运输方式的合理分工和协调发展。在规划思想上，充分体现了社会的进步性，将时间效率、便捷性、个性化需求作为重要的衡量标准，考虑各种运输方式的互补和相互促进作用，以实现整个大系统的高效率为目标。

3.3.2　综合运输大通道建设开始发展

综合运输大通道是综合运输网络和国家经济发展的命脉，是跨区域间最重要的连接，其发达程度既代表着一个国家交通运输的发展水平，也是区域经济发展规模与发展水平的重要影响因素。通道内城市、人口、产业密集，经济规模总量大，居民收入水平相对较高，区域内部以及跨区域之间的人员和货物交流量大等特点，决定了大通道运输需求总量庞大，且具有集中和多样性，为各种运输方式的共存与发展奠定了基础。

尽管各种运输方式之间具有一定的可替代性，但有限的选择会造成运输成本增加和便利性降低，会使人们被迫放弃一些最符合自己愿望和最经济合理的需求，其结果不仅不能较好地满足通道内的各种不同类型的运输需求，严重地影响产品的市场范围和市场竞争力以及人们出行的欲望，而且还会由于缺乏足够竞争，造成运输能力的紧张，服务水平下降，系统效率降低等。

综合运输通道内各种运输方式共存与紧密的协作，可使交通运输系统更发达，为经济起飞创造更好的基础支持条件，会使产品的交易成本降低、市场范围扩大，会进一步促进区域间和区域内产业分工的深化，增强产业分布的聚集效应和促进新产业的诞生，使得越来越多的产业和生产、经销企业以及人口沿着通道聚集，形成更加密集的工业带和城市带，经济发展的动力增强。

大通道是国家社会经济的主要集中带和发展带，是各种运输方式骨干线路必经的地区，同时也是各种运输方式承担运输量最大、在综合运输体系中作用最明显的线路，多种运输方式共同组成通道综合运输系统，既是通道地区社会经济发展的要求，也是交通运输发展的必然结果。

3.3.3 宏观调控和市场化相结合，资源配置优化

综合交通运输体系的建设需要依靠国家宏观调控和市场化两个方面的合力。交通基础设施具有很强的公共物品属性，交通运输赖以存在的土地、岸线、空域、航道等都为政府所控制，通过有效的宏观调控，政府可促进各种运输方式合理布局与协调发展；而市场化手段对于合理配置交通资源和加快综合运输体系形成与完善等方面具有重要作用。没有市场化的手段也就没有交通运输今天的成就，未来的发展道路也将越走越窄，现代化的交通运输进程将会受到资金、体制等各方面的严重制约。

在基础设施网络的建设上，由政府进行规划与协调，采用政府投资和引导社会投资的方式实现结构合理化，并积极采用市场运作的方式，促使资金、资源的有效利用和社会公平；运输方面按照市场化的原则由企业自主经营，政府要在规则的制定、市场准入与监督上行使职能，消除体制性障碍和行业壁垒，鼓励各种运输方式之间的自由竞争。

此外，经营性交通基础设施的发展规模从国家经济战略角度进行决策，目的是既能较好地满足经济社会发展对交通运输不断增长的需要，又能提高我国产品在经济全球化中的国际竞争力。

3.4 主要问题

3.4.1 协调发展意识薄弱

交通运输业是一个整体，但各种运输方式的技术特征不同，各有优势和特点。公路运输的发展，抢占了其他运输方式的市场份额。各种运输方式自成体系而缺少综合的发展，使得基础设施的空间布局与功能缺乏衔接的政策机制、标准支撑，造成了基础设施布局、功能上的衔接不畅，并且已经形成了与基础设施伴随的固化格局。运输服务方面，因各种运输方式在服务组织上的相对独立，加上设施衔接的不畅，要实现客货的“零距离”换乘和“无缝”衔接，推进旅客运输与物流的高效率运作，也将是长期面临的艰巨任务。尤其在交通运输能力总体提升和运输对经济社会发展的制约基本缓解的背景下，各种运输方式之间的资源优化配置和衔接的战略作用愈加明显，各运输方式间的综合协调问题日益显现，设施之间、运输服务之间的衔接不畅的问题，将严重影响整体运输效率的提升和经济社会综合运输成本的控制。

3.4.2 缺乏一套科学合理的综合运输行业评价指数体系

目前，依据12328电话业务量来分析交通运输行业存在问题、服务质量以及发展水平等，均不能有较强的说服力。例如，12315消费维权指数，即通过应用12315消费者电话投诉数据，应用时间序列移动平均法、横截面对比法、面板数据固定效应法以及自回归与多元回归相结合的方法对消费者投诉总量、产品类型、地区、企业类型等指标实现了跨期分析、跨类分析、影响因素回归分析以及趋势预测。而综合运输行业的发展趋势对于我国的交通整体发展、社会经济的进步都有着十分重要的作用。在缺乏量化分析综合运输行业趋势发展的情况下，无法准确把握交通运输行业发展矛盾点，切实解决综合交通问题。因此，基于12328电话业务数据，我们可以构建一套用于研究综合运输行业趋势发展的指数体系，用以分析我国的综合运输行业发展水平和进程。

4　12328 指数构建

4.1　12328指数构建的必要性

4.1.1　指数既是认知工具，也是价值载体

作为一种认知工具，最终呈现的指数往往是0~1、0~100之间的简单数字，非常有助于人们对自然现象、社会现象等指数客体的感知和把握。但这种认知工具简约而不简单，数字承载着价值，指数无不体现其衡量事物的内涵，传递着指数主体的价值标准和价值尺度，引导着人们在把握事物本质的基础上推动事物向好的方向发展，即在求真的基础上向善向好。比如人类发展指数既有助于把握各国人民生活状况，同时也为各个国家改善人民生活状况指出了基本的政策治理方向；而全球创新指数则已经成为创新政策制定者的“行动工具”。

4.1.2　指数框架层次清晰，维度意义明确

无论指数框架体系繁简，其层次都非常清晰，一般都是从几个抽象的维度来反映事物的内涵，各维度之间相对独立，每个维度的意义指向都极为明确，并最终落实到可以观测的指标来衡量。对于较为复杂的指数框架，可以在维度内形成嵌套的次级指数框架，由此而形成的次级维度意义指向则更为具体，与观测指标的意义越来越接近。指数框架体系的繁简与其优劣程度并无必然联系。人类发展指数虽然只有三个维度、四项基础指标，但其影响广泛而深远，为分析和比较各国人民生活状况提供了全球视野，并对各国国计民生政策制定提供了最为根本的参考框架。

4.1.3　指标阈值可以设定，合成方法简明

确定指标阈值是对各项指标进行标准化从而计算维度指数的关键。指标阈值

既可以从观测指标的数据集中产生，也可以根据需要主观设定，不存在原则性问题，只要合理并进行适当的说明即可。确定了基础指标阈值后，通过指标赋权即可算出维度指数，进而可根据各维度指数合成总指数，合成方法一般为算术平均，也有通过几何平均合成的。不同的合成方法赋予各维度指数对总指数生成的不同权重和影响。如人类发展指数的指标阈值，既有来自观测指标数据集中的极值，也有人为设定值。在合成方法方面，经济发展与合作组织编制的生活质量指数甚至可由使用者自主赋权计算指数的结果。

4.1.4 构建12328指数可以明确运输服务问题

基于12328指数数据，可以查找判定出交通运输不同领域、不同时间、不同地区的问题，以及从各类问题代表的指数对应的标准评判区间，从而确定热点、难点、焦点问题，规律性、普遍性问题，苗头性、倾向性问题等。比如，2017年2月某事件关注度大于80，可判定该事件为2017年2月的热点问题；如2017年2月某事件关注度大于90，可判定该事件为2017年2月的焦点问题。如2017年1月、2月、3月（连续三个月）某事件关注度一直大于80，可判定该事件为2017年第一季度的难点问题。

4.1.5 构建12328指数可以促进服务改进与提升

交通运输行业在现阶段经济发展中的地位和作用逐步提升，加强对交通运输行业服务质量的监督管理，有助于提升交通运输的服务质量。12328交通运输服务指数具备指数的认知功能和价值导向功能，通过指数数据，可以客观真实地反映出当前交通运输行业所出现的问题与关注焦点，从而指导相关部门或相关人员改进工作重点，提升工作效能，为交通运输行业创造安全、可靠、经济、高效、便利的环境做好准备。比如通过12328指数所确定的热点、难点、焦点问题，规律性、普遍性问题，苗头性、倾向性问题等，从而有针对性的改进和提升运输服务。

4.1.6 构建12328指数可以有效把握交通发展态势

基于我国交通运输行业发展的规律与基本特征，可以对一定时期内交通发展程度进行量化评价。为畅通人民群众申诉渠道，更好地推动交通运输行业发展，国家已在全国正式启用“12328”交通运输服务专用特服号码。“12328”服务电话是交通运输管理部门经过不懈的探索寻得的有效手段，利用好“12328”电话对于维护人民的合法权益、提高交通服务质量、提升行业核心竞争力以及增强市场监管效能都具有较强的现实意义。因此，12328相关指数的建立，有利于量化反映我国交通运输业的发展水平，反映交通运输不同地区和时间的均衡水平，对交通发展情况进行科学判断，对发展趋势进行预测预警，进而引导行业健康发展。

4.2 指数相关基本理论

4.2.1 指数的含义

指数分析方法由来已久，被广泛用于社会经济的各个方面，用来反映某一指标的变化。1650年英国学者赖斯·沃汉（Rice Vaughan）为计算货币交换价值的变动，首次编制个体物价指数，意大利经济学家卡利（C. R. Garli）、英国经济学家杰文斯（S. Jevons）和美国经济学家费舍（Irving. Fisher）分别于174年、1863年和1900年编制了物价指数。现代的指数不仅是同一指标时间序列的动态对比，还可以应用在不同部门间和不同国家间的对比，相对数都是指数。指数是同一变量两个数值对比形成的相对数，用于追踪某一单一或综合指标的变动情况。指数通常表现为百分数，对比基准为100。指数可以是不同时间的现象水平对比，可以是不同空间的现象水平的对比，还可以是现象实际水平与计划水平的对比。随着统计方法的进步，指数理论和方法在不断进步，其应用也不断扩展到几乎所有领域。在本书中，消费者保护程度将被设计成一个指数，伴随若干子指数，用来反映消费者保护力度变化，以及其分项指标变化。

4.2.2 指数分类及编制方法

按内容划分，指数可以分为数量指标指数（如产量指数、销量指数）和质量指标指数（如价格指数、成本指数）；按对象多少划分，可分为个体指数（如某种商品价格变动）和总指数或综合指数（如多种商品价格综合变动）；按照计算方法不同，可分为简单指数（各要素权重相同）和加权指数（各要素重要性不同）；按照对比形式不同，可分为动态指数（定基指数、环比指数）和静态指数（计划完成情况指数、国际间购买力平价指数）。一般来讲，目前最重要的指数都是动态的加权综合指数，具有相对性和综合性，尤以价格指数最重要，如各国股票市场指数、消费价格指数、房地产价格指数等。

4.3 其他行业典型公益服务电话指数及运行情况

4.3.1 12315消费维权指数（CCI）

消费维权指数（Consumer Complaint Index，CCI）反映了消费者保护力度的变化。目前，我国已经进入经济结构调整的阶段，消费者保护对于提升市场产品质量、维持市场秩序、促进市场经济发展等具有重要意义。为了及时、方便、快捷地受理消费者诉求，国家市场监督管理总局（原国家工商行政管理总局）在全国统一开通了12315消费者申诉举报专用电话。以12315体系为平台，我国不断创新消费维权的体制机制，积极改进消费维权工作，提升消费维权效能，为广大消费者在咨询、投诉、举报、建议等方面提供了优质的服务。

消费维权指数的构建基于两类数据，一是来自于工商行政管理部门自身掌握的12315消费维权数据，二是社会上公开的相关经济数据。12315数据分析模型是消费维权指数体系建立的基础，该模型通过时间序列移动平均法、横截面对比法、面板数据固定效应法以及自回归与多元回归相结合的方法对消费者投诉总量、产品类型、地区、企业类型等指标实现了跨期分析、跨类分析、影响因素回归分析以及趋势预测。12315数据分析模型通过不断的修正优化相关参数，逐步完善了消费维权指数体系。

消费维权指数体系包括客观指数与主观指数两类。工商部门所收集到的12315数据可以作为客观的数据反映消费者保护的变化。但由于客观数据包含的信息可能存在偏差，因此指数体系的构建需要结合借助消费者调查结果所得到的主观信息。

客观指数包括投诉指数、执行指数、全国保护指数。投诉指数反映了某季度某地区的人均投诉量的高低和每单位消费所引发投诉争议金额的（增长率）大小，即反映了当地的消费情况优劣；执行指数反映了某地区工商局某季度针对投诉案件的办理率和针对每单位消费引发的投诉所挽回的经济损失；全国保护指数基于投诉指数与执行指数构建，公式如下：

$$保护指数=\frac{执行指数}{2}+\frac{200-投诉指数}{2}$$

主观指数是为了弥补客观指数的选择性，针对全部消费者随机调查得到的结果。这部分信息包括：消费者对市场产品质量的信心；消费者对工商部门维权力度的信心；消费者对法规关注度；消费者对维权经历关注度；维权便利程度。在得到每个省份的主观指数之后，可生成全国层面的主观指数。有两种方法计算全国指数，主要区别是对不同省份的权重设计。第一种是等权重；第二种是按照各省份投诉量为权重，采用费舍的质量指数计算全国层面主观指数。

消费维权指数体系可为有关政府部门制定相关经济政策提供参考依据，为工商机关确定市场监管重点、提升行业规范水平提供参照建议，为经营者提高社会责任意识提供规范指导，为广大消费者科学理性消费提供教育引导。

4.3.2 12305中国快递发展指数（CEDI）

中国快递发展指数（China Express Development Index，CEDI）是基于我国快递行业发展的规律与基本特征，对一定时期内快递发展程度的量化评价。我国快递业务规模稳居世界前列，快递在参与生产与服务生活中所表现出的基础性作用日益明显，社会对快递发展的关注度也越来越高。为畅通消费者申诉渠道，更好地维护邮政业消费者合法权益，国家邮政局在全国正式启用“12305”邮政业消费者申诉专用特服号码。“12305”申诉受理电话已经成为调解快递企业和消费者之间服务纠纷的重要桥梁和纽带，在快递纠纷理赔、维护社会稳定上发挥了重要作用。

快递行业在现阶段经济发展中的地位和作用正逐步提升，加强对快递企业服务质量的监督管理，有助于快递企业提升自身的服务质量。“12305”申诉受理电话是邮政管理部门经过不懈的探索寻得的有效手段，利用好“12305”电话对于维护消费者的合法权益、提高快递服务质量、提升行业核心竞争力以及增强市场监管效能都具有较强的现实意义。

中国快递发展指数体系的构建，有利于量化反映我国快递的发展水平，反映快递普及程度和区域均衡水平，对快递发展情况进行科学判断，对发展趋势进行预测预警，进而引导行业健康发展。该指数体系的构建基于多源数据，包括国内生产总值（GDP）、来自国家统计局的支撑网络零售额、来自国家邮政局的12305相关信息以及其他数据。

中国快递发展指数指标体系包含发展规模指数、服务质量指数、发展能力指数和发展趋势指数4个一级指标和11个二级指标。其中，发展规模指数包括业务量和业务收入2个二级指标，服务质量指数包括公众关注度、72小时准时率和用户申诉率3个二级指标，发展能力指数包括快递深度、网点密度、劳动生产率和支撑网络零售额4个二级指标，发展趋势指数包括业务增长预期和快递资本市场预期2个二级指标。

在上述指标中，72小时准时率是指快递企业在3天内（72小时）准时投递快件的件数与收寄快件总件数的比率；有效申诉率是指邮政管理部门受理的申诉中有效申诉的件数与收寄快件总件数的比率；劳动生产率的计算公式如下：

$$劳动生产率=\frac{快递业务收入}{全部从业人员平均人数}$$

中国快递发展指数评价采用指数评价方法，以2016年3月为基期，基期值设定为100，通过标准值实现数据的无量纲化，通过加权合成中国快递发展指数。

随着快递行业的持续快速发展，快递规模将日益扩大，发布中国快递发展指数的重要意义也将日益明显。因此要使中国快递发展指数成为行业发展的风向标，同时要使快递发展指数逐步纳入国家有关部门的相关指数体系，为国民经济发展服务。

4.3.3 12345政务效能指数（GEI）

政务效能指数（Government Efficiency Index，GEI）综合反映了各地方政府单位的行政效率、行政效果与行政效益。在实现治理能力现代化的进程中，各地政府都在努力通过转变职能、健全机制、机构改革等方式来提高政府的行政效能。“12345”便民服务电话是近几年来为解决民众日常非紧急诉求而设立的服务平台机构，“12345”平台在为民众处理诉求、聆听民声、拓宽自下而上的沟通渠道的同时，也推动着政府部门自上而下的政务效能改进。

政务效能指数的构建基于“12345”平台对多样信息的搜集、归纳、分类与处理。该指数一方面可以反映当前政府在不同区域、不同部门、不同领域的行政过程中所存在的问题，另一方面可以通过对特征数据的考量分析，为将来的政府治理提出建设性的参考意见。

政务效能指数包括按期反馈率、办结率、群众关注率3个一级指标；来电办理量、网络问政办理量、总办理量3个二级指标；劳动和社会保障、城乡建设、商贸旅游、市场监督、政法、交通运输、卫生计生、环境保护、科技与信息产业、经济管理10个三级指标。政务效能指数的计算公式如下所示：

$$\begin{aligned}\text{政务效能指数} = &\text{按期反馈率得分}+\text{办结率得分}+\text{关注率得分}+\\&\text{月度加分}+\text{月度减分}\end{aligned}$$

基于“12345”电话的政务效能指数能够有效促进政务效能，强化政务工作人员的服务意识，提高人员素质。科学的考评体系，完善了各地方政务的绩效评价体系。

4.3.4 12312知识产权发展指数（IPDI）

知识产权发展指数（Intellectual Property Development Index，IPDI）反映了我国知识产权发展状况。随着社会经济的发展，我国的科技水平取得了长足的进步，知识产权发展水平不断提高，科技的国际影响力逐渐扩大。国家保护知识产权举报投诉中心在全国50多个城市开通了“12312”知识产权投诉电话。“12312”电话接收各地区侵犯知识产权的举报投诉，投诉中心将对举报投诉进行全程跟踪。此外，“12312”电话为权利人和社会公众提供有关知识产权的法律咨询服务。

知识产权发展指数体系基于“12312”电话数据及其他相关数据构建，共包含四级指标。其中，一级指标1个，即知识产权发展指数；二级指标3个，分别是知识产权发展现状、知识产权发展潜力以及经济效益；三级指标7个，分别是知识产权产出总量、知识产权产出质量、知识产权产出效率、企业产出、政府投入、企业投入以及宏观经济指标；四级指标23个，包括年度专利申请量、年度专利授权量等。

知识产权发展指数体系利用主成分分析法和德尔菲法构建，以2010年为基期年份，将2010年各分项发展指数设置为100。在建模过程中，首先考察原有因子是否适合做因子分析，并提取因子；然后采用方差极大法对因子命名解释，并计算因子得分；最后采用计算因子加权总分的方法对各地区进行综合评价。

知识产权发展指数体系的建立可帮助了解我国知识产权的发展趋势以及所面临的问题与挑战，通过知识产权发展指数体系所反映的结果，有针对性地采取应对措施，保障知识产权市场的正常运转。

4.4 12328 指数构建方法

4.4.1 12328 运输服务关注度指数（TSCI）提出

本文基于已有的大数据分析不足的现状，针对性地制定具体研究目标，以充分利用现有12328运输服务监督电话数据的研究成果，为有关政府部门制定相关宏观运输管理政策提供参考，为运输部门确定市场监管重点、提升监管行政执法、行政指导和行业规范水平提供科学化参照建议，为经营者提高履行维护良好运输环境的社会责任意识提供规范指导，为广大旅客出行人员提供科学理性引导。课题研究的目的在于根据对全国12328运输服务监督电话数据（包括历史数据）确立综合运输服务领域的理论分析框架，并以此为基础建立12328数据分析模型和“12328运输服务关注度指数”体系，供政府部门科学分析综合运输服务工作重点、评估综合运输行业工作效能、监测出行人员活动波动及其与综合运输服务质量的互相影响。具体来说，本指数包含若干子指标，以反映综合运输服务关注度程度的总体变化和内部影响因素变动。建立系统的、利用现有数据的常规分析模型，能够定期将原始数据生成可用的分析结果，丰富日常分析和专项分析，全面认识综合运输服务质量情况。

4.4.2 12328 运输服务关注度包括的内容

电话业务指标体系内容涵盖较多，关注度分析是对其定性分析的量化评价，主要从高速公路、普通公路、水路、道路运输、城市客运、海上搜救、海事、救助打捞这八个方面依据12328电话系统数据来评价消费者对交通运输服务行业的关注度。具体内容如下：

公路方面包括高速公路与普通公路两部分，主要包括公路规划立项等政策信息咨询及建议、工程建设进度质量管理、路网路况车辆咨询及服务、收费方面问题咨询、养护保通（道路安保设、施照明设施、绿化景观、养护质量、恶劣天气保通、路障清理）以及对于超载超限、大件运输、路产路权、文明执法等路政执法方面的信息咨询、投诉举报或意见建议。

水路方面，主要包括水路方面的规划立项和工程建设、水路旅客运输及货物运输中关于各种运输船的运输资格、服务质量、运输安全等、港口管理、航道管理、水路执法以及其他等方面的信息咨询、意见建议以及投诉举报等信息。

道路运输方面，主要包括客运汽车及道路客运的安全与服务信息反映，道路客运行政审批、运输政策等信息咨询，道路货运中关于普通货物、危险货物、大件货物运输、无车承运、商品车运输、冷链运输等方面的信息咨询、意见建议以及投诉举报，还包括从业人员管理、车辆技术管理、机动车维修、机动车驾驶员培训、国际运输、运政执法等方面的信息数据。

城市客运方面，主要包括公共汽电车的站点、线路、车辆、运行时间、服务、行驶安全、一卡通、失物招领等信息，城市轨道交通的站点、服务、安全保障、运行时间、标识标线、失物招领等，巡游出租车的服务、运营管理、失物招领等，网络预约出租车的平台管理、运营服务管理等，小微型客车租赁，公共自行车、互联网租赁自行车的平台认证、责任认定、车辆停放等，城市渡轮的安全、候车环境、信息发布、票务、运行服务等，以及城市运政执法、城市交通运行管理等信息内容。

海上搜救方面，主要包括可能或已涉及的生命求助、海上环境污染的事故救助、货物损失的财产救助等信息内容。海事方面，主要包括通航管理、船舶管理、船舶检验、船员管理、危管防污、企业安全管理、航海保障等信息。救援打捞方面，主要包括打捞行业管理、潜水员管理、打捞标准、救援标准、救援技术咨询等信息。由于关于海事方面的一般电话业务量比较少，把三者合在一起进行计算。

4.4.3 指数体系搭建

依据12328电话业务指标体系，选取关键指标及其主要方面，构建12328交通运输服务关注度评价指数。总共分为三级，其中一级指标为总12328运输服务关注度（TSCI），二级指标为各个领域的运输服务关注度，三级指标为各领域中不同方面的关注度、信息咨询率或投诉率，及其分别的计算方法。其中，关注度指数主要从不同方面的关注度、信息咨询率和投诉率三个方面来反映其关注度水平的高低。

关注度指标反映了人民群众对某时段某地区不同领域关于运输服务、设施管理、运政执法等方面的关注水平。当政府对某方面的管理服务水平很高，则人民对其关注度就不会过高；当对某方面的管理服务水平较低，则人民对其的关注度则会较高，关于政府人员管理的投诉或意见建议业务量则会较高。

信息咨询率指标是反映某季度某地区不同领域人民群众关于交通运输行业的信息咨询量的高低。信息咨询率的高低虽然不能反映交通运输服务的好坏，但是可以观察出人民群众对于哪些问题有较多疑问，可以指导管理者加大服务力度，更好地为人民群众服务。

投诉指数反映了某季度某地区不同领域的人均投诉量的高低，即反映了当地的交通运输服务质量的优劣——投诉指数越高的地区，人均投诉量也越高，也就是说当地的交通运输服务质量有不好的趋势。所以投诉指数越低越好。

考虑到指数的纵向和横向的可比较性，我们采用各个变量的增长情况来刻画某一时期或某一地区的运输服务状况，即指数的各分项指标是基于各变量的增长率计算而得。以季度为单位，我们获得的都是上一时段为基期，本期相对于上一时段的增长情况。基期为100，当下一月电话业务量增加则大于100，说明当期关注度增加；当电话业务量减少，则小于100，表示关注度降低。因此，指数值越小越好。我们只计算月度指数，具体公式如下：

$$分项指数=\frac{当期数值}{上期数值}\times 100$$

具体指标体系及计算方法如表4-1所示。

12328 运输服务关注度指数体系 表 4-1

序号	一级指标	二级指标	三级指标		计算公式
01	“12328 运输服务关注度”指数（TSCI）	公路运输服务关注度指标（高速公路和普通公路）	01	规划立项、工程建设关注度	（规划立项、工程建设投诉或意见建议电话业务量 / 上一期规划立项、工程建设投诉或意见建议电话业务量）×100
			02	公路运输信息咨询率	（公路信息咨询业务量 / 上一期公路信息咨询业务量）×100
			03	公路服务区关注度	（公路服务区投诉或意见建议电话业务量 / 上一期公路服务区投诉或意见建议电话业务量）×100
			04	公路收费服务投诉率	（公路收费服务投诉或意见建议电话业务量 / 上一期公路收费服务投诉或意见建议电话业务量）×100
			05	公路养护保通关注度	（公路养护保通投诉或意见建议电话业务量 / 上一期公路养护保通投诉或意见建议电话业务量）×100
			06	公路路政执法关注度	（公路路政执法投诉或意见建议电话业务量 / 上一期公路路政执法投诉或意见建议电话业务量）×100
02		水路运输服务关注度	01	规划立项关注度	（规划立项投诉或意见建议电话业务量 / 上一期规划立项投诉或意见建议电话业务量）×100
			02	工程建设关注度	（工程建设投诉或意见建议电话业务量 / 上一期工程建设投诉或意见建议电话业务量）×100
			03	水路旅客运输投诉率	（水路旅客运输投诉或意见建议电话业务量 / 上一期水路旅客运输投诉或意见建议电话业务量）×100
			04	水路信息咨询率	（水路信息咨询电话业务量 / 上一期水路信息咨询电话业务量）×100
			05	水路货物运输投诉率	（水路货物运输投诉或意见建议电话业务量 / 上一期水路货物运输投诉或意见建议电话业务量）×100

续上表

序号	一级指标	二级指标	三级指标		计算公式
02	"12328 运输服务关注度"指数（TSCI）	水路运输服务关注度	06	港口、航道管理关注度	（水路港口、航道管理投诉或意见建议电话业务量 / 上一期水路港口、航道管理投诉或意见建议电话业务量）×100
			07	水路执法关注度	（水路执法投诉或意见建议电话业务量 / 水路执法投诉或意见建议电话业务量）×100
03		道路运输关注度	01	客运汽车站投诉率	（客运汽车站投诉或意见建议电话业务量 / 上一期客运汽车站投诉或意见建议电话业务量）×100
			02	道路信息咨询率	（道路信息咨询电话业务量 / 上一期道路信息咨询电话业务量）×100
			03	道路客运投诉率	（道路客运投诉或意见建议电话业务量 / 上一期道路客运投诉或意见建议电话业务量）×100
			04	道路行政审批关注度	（道路行政审批投诉或意见建议电话业务量 / 道路行政审批投诉或意见建议电话业务量）×100
			05	道路客运政策关注度	（道路客运政策投诉或意见建议电话业务量 / 上一期道路客运政策投诉或意见建议电话业务量）×100
			06	道路货物运输投诉率	（道路货物运输投诉或意见建议电话业务量 / 上一期道路货物运输投诉或意见建议电话业务量）×100
			07	运政执法关注度	（道路运政执法投诉或意见建议电话业务量 / 上一期道路运政执法投诉或意见建议电话业务量）×100
04		城市客运服务关注度	01	公共汽电车投诉率	（公共汽电车投诉或意见建议电话业务量 / 上一期公共汽电车投诉或意见建议电话业务量）×100
			02	城市轨道交通投诉率	（轨道交通投诉或意见建议电话业务量 / 上一期轨道交通投诉或意见建议电话业务量）×100
			03	巡游出租汽车投诉率	（巡游出租车投诉或意见建议电话业务量 / 上一期巡游出租车投诉或意见建议电话业务量）×100
			04	网络预约出租汽车投诉率	（网络预约车租车投诉或意见建议电话业务量 / 上一期网络预约车租车投诉或意见建议电话业务量）×100

续上表

序号	一级指标	二级指标	三级指标		计算公式
04	"12328 运输服务关注度"指数（TSCI）	城市客运服务关注度	05	小微型客车租赁投诉率	（小微型客车租赁投诉或意见建议电话业务量 / 上一期小微型客车租赁投诉或意见建议电话业务量）×100
			06	公共自行车投诉率	（公共自行车投诉或意见建议电话业务量 / 上一期公共自行车投诉或意见建议电话业务量）×100
			07	城市轮渡投诉率	（城市渡轮投诉或意见建议电话业务量 / 城市渡轮投诉或意见建议电话业务量）×100
			08	城市交通运行管理关注度	（城市交通运行管理投诉或意见建议电话业务量 / 上一期城市交通运行管理投诉或意见建议电话业务量）×100
			09	城市客运信息咨询率	（城市客运信息咨询电话业务量 / 上一期城市客运信息咨询电话业务量）×100
05		海事运输服务关注度	01	海上搜救服务投诉率	（海上搜救服务投诉或意见建议电话业务量 / 上一期海上搜救服务投诉或意见建议电话业务量）×100
			02	海事管理服务关注度	（海事管理服务投诉或意见建议电话业务量 / 海事管理服务投诉或意见建议电话业务量）×100
			03	打捞行业服务投诉率	（打捞行业服务投诉或意见建议电话业务量 / 上一期打捞行业服务投诉或意见建议电话业务量）×100
			04	海事信息咨询率	（海事信息咨询电话业务量 / 上一期打捞行业服务投诉或意见建议电话业务量）×100

4.5 12328 指数计算方法

4.5.1 数据的选择与处理

12328电话业务数据的选择是合理确定12328运输服务关注度指数的重要环节，数据范围的选取是否科学合理，直接影响到指数计算结果的准确性。其选取的基本原则是分领域、全覆盖，由于12328电话业务主要包括的领域按交通运输方式来分只有公路和水运两方面，并不涉及铁路、航空以及管道运输，因此可以再按照运输服务性质细分为公路、水路、道路运输、城市客运、海事五个方面。

依据现有12328电话业务工单，同时根据指数计算公式，对数据进行处理，比如对于无效的数据可进行删除，对数据进行领域划分、区域划分、时间划分，然后根据不同的领域，进一步选择意见建议或信息咨询等数据，从而为数据计算提供方便。同时对数据内容也要进行规范化和标准化处理，确保所有分析数据都真实可靠。

4.5.2　指数权重的计算

根据文中对相关指标的介绍，计算各级指标的数值需要解决权重如何分配的问题。比如计算公路指标中的投诉率指数和关注度指数，进而将几个指数合并为公路运输服务关注度指数，然后再计算其他领域的关注度指数，最后将各个领域指数合并为总体的交通运输服务关注度指数。但是从较低的等级向较高的等级合并，需要有一个科学合理的方法，才能确保下一等级数值的合理性。目前关于属性权重的确定方法很多，根据计算权重时原始数据的来源不同，可以将这些方法分为三类：主观赋权法、客观赋权法、组合赋权法。

主观赋权法是根据决策者（专家）主观上对各属性的重视程度来确定属性权重的方法，其原始数据由专家根据经验主观判断而得到。常用的主观赋权法有专家调查法（Delphi法）、层次分析法（AHP）、二项系数法、环比评分法、最小平方法等。主观赋权法的优点是专家可以根据实际的决策问题和专家自身的知识经验合理地确定各属性权重的排序，不至于出现属性权重与属性实际重要程度相悖的情况。但决策或评价结果具有较强的主观随意性，客观性差，同时增加了决策分析者的负担，应用中有很大的局限性。

鉴于主观赋权法的各种不足之处，人们又提出了客观赋权法，其原始数据由各属性在决策方案中的实际数据形成，其基本思想是：属性权重应当是各属性在属性集中的变异程度和对其他属性的影响程度的度量，赋权的原始信息应当直接来源于客观环境，处理信息的过程应当是深入探讨各属性间的相互联系及影响，再根据各属性的联系程度或各属性所提供的信息量大小来决定属性权重。如果某属性对所有决策方案而言均无差异（即各决策方案的属性值相同），则该属性对方案的鉴别及排序不起作用，其权重应为0；若某属生对所有决策方案的属性值有大差异，这样的属性对方案的鉴别及排序将起重要作用，应给予较大权重。总之，各属性权重的大小应根据该属性下各方案属性值差异的大小来确定，差异越大，则该属性的权重越大，反之则越小。指数的计算方法通常有以下两种：

（1）等权重法：每个指数所涵盖的具体指标占有同样的权重，即所有指标所占份额一致，受重视程度相同。

（2）专家打分法："运输服务关注度"方面资深的专家对不同"衡量指标"的重要性进行打分，根据平均打分情况计算出每个"衡量指标"的权重，越被重视的指标被赋予越大的权重。

常用的客观赋权法有主成份分析法、熵值法、离差及方差法、多目标规划法等。其中熵值法用得较多，这种赋权法所使用的数据是决策矩阵，所确定的属性权重反映了属性值的离散程度。客观赋权法主要是根据原始数据之间的关系来确定权重，因此权重的客观性强，且不增加决策者的负担，方法具有科学的理论依据。但是这种方法没有考虑决策者的主观意向，因此确定的权重可能与人们的主观望或实际情况不一致。而且这种方法依赖于实际的问题域，因而通用性和决策人的可参与性较差，没有考虑决策人的主观意向，且计算方法大都比较烦琐。常用方法思想类似于变异系数权重法：每个指标都有与之相对应的变异系数（标准差均值），用来衡量每个指标数据的波动情况——数值越大，相对波动幅度越大。现实生活中，往往更加稳定的指标受个别事件干扰小，更具分析意义，所以对于变异系数更大的指标赋予更小的权重，具体公式如下：

$$\text{指标a权重}=\frac{\text{指标a变异系数的倒数}}{\text{所有指标变异系数倒数之和}}$$

从上述讨论可以看出，主观权重法在根据属性本身含义确定权重方面具有优势，但客观性差；客观赋权法在不考虑属性实际含义的情况下，确定权重具有优势，但不能体现决策者对不同属性的重视程度，有时会出现确定的权重与属性的实际重要程度相悖的情况。针对主、客观权重法各自的优缺点，为兼顾决策者对属性的偏好，同时又力争减少赋权的主观随意性，使属性的赋权达到主观与客观的统一，进而使决策结果真实、可靠，因此合理的赋权方法应该同时基于指标数据之间的内在规律和专家经验对指标进行赋权。目前，这种对确定权重的主客观信息集成方法的研究已经引起了重视，并且得到了一些初步的成果。如常用的“乘法”集成法和“加法”集成法。

但考虑到本文计算的复杂程度，且由于不同权重最终计算结果相似，我们最终选择了等权重法。即每个指标赋予相同的权重，也体现了相关政府部门对各个领域相同程度对待的思想。

4.5.3　指数计算框架

由于时间角度、领域角度和区域角度有相互嵌套的关系，可以以区域角度为基础、领域角度为中心、时间角度为跨度来构建综合12328运输服务满意度结构层次图。依据结构层次图，可以计算出不同地区、不同时间、不同领域的12328运输服务关注度，为交通运输行业趋势研究提供数据支持。如下图所示，由于区域涵盖全国各个省、市及自治区，时间范围为12328开通运行至今，领域涉及八个方面，内容较多，无法全部列出。下面以北京市2017年2月城市客运为例，说明其中关系，如下图4-1所示，可以从不同对象、不同领域、不同时间、不同区域来进行横向分析，也可以从某一地区、某一时间、某一领域、某一对象进行纵向分析，从而更加综合和全面分析。

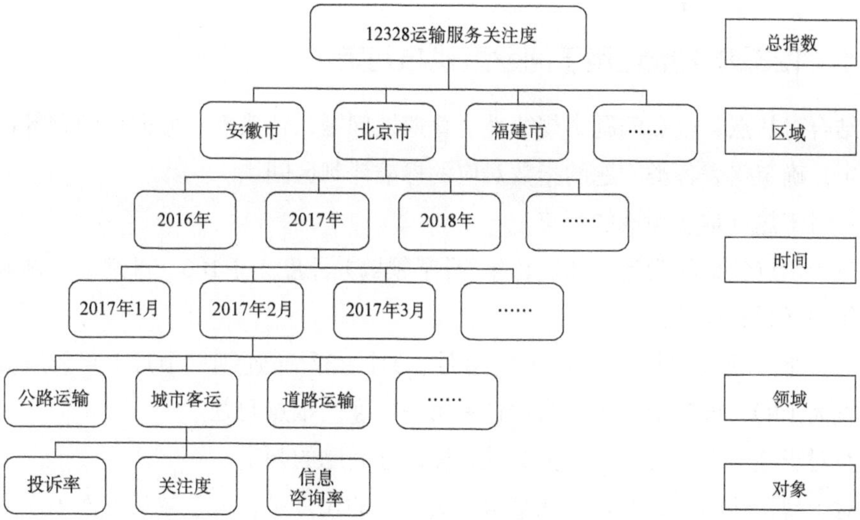

图 4-1　12328 运输服务关注度指数计算框架

5 基于12328指数的交通发展趋势研判

5.1 12328指数与交通发展趋势关系分析

基于12328运输服务关注度指数可以分析不同时期、不同地区的交通运输行业发展趋势。同时，基于12328运输服务关注度指数可以分析交通运输不同领域不同方面的问题，从指数关注度、投诉率、信息咨询率等方面入手，进而可以分析具体的热点性、倾向性、苗头性问题，促进运输服务改进与把握未来发展趋势，提升综合运输服务水平。

5.2 基于12328指数的综合交通发展趋势研判

5.2.1 12328指数运用于问题查找与判定

结合对热点、难点问题，规律性、普遍性问题，苗头性、倾向性问题等特性的判定，确定代表各类问题的指数对应的标准评判区间。

1. 对于热点难点领域的判定

对于热点领域的判定。如2017年2月某领域关注度大于100，可判定该领域为2017年2月的热点问题。

对于难点领域的判定。如2017年1月、2月、3月（连续三个月）某领域关注度一直大于90，可判定该领域为2017年第一季度的难点问题。

2. 对于规律性、普遍性、苗头性、倾向性问题的判定

对于规律性问题的判定。如某市连续三年的10月份，该领域某方面关注度均大于80，可判定该方面问题为该市10月份规律性问题。

对于普遍性问题的判定。如西部地区80%以上的地市，2017年10月某领域某方面关注度均大于80，可判定该方面问题为该地区2017年10月份普遍性问题。

对于苗头性问题的判定。如某市连续三个月某方面关注均大于100，可判定该方面问题为苗头性问题。

对于倾向性问题的判定。如某市连续三个月某方面关注均大于100，且关注度持续增长，可判定该方面问题为倾向性问题。

以上为描述方便，仅给出初步判断的标准区间，在项目研究过程中，将结合问题特性的分析和数据统计给出更为合理的标准判断区间，并将结合实际案例予以说明。

5.2.2 12328 指数运用于综合运输各个领域发展趋势研判

12328指数具备指数的认知功能和价值导向功能，通过指数数据，可以客观真实地反映出当前交通运输行业所出现的问题与关注焦点，从而指导相关部门或相关人员改进工作重点，提升工作效能，为交通运输行业创造安全、可靠、经济、高效、便利的环境做好准备。依据12328指数具体的数值大小，可以分析群众对不同领域及其中的问题关注程度，找出问题及其发展变化过程，从而改进和提升运输服务。

依据不同地区12328运输服务关注度指数，可以很好地从不同地区对比角度分析综合交通运输行业的发展趋势。依据不同时间维度的12328运输服务关注度指数可以很好地从时间跨度来分析综合交通不同领域或方面的发展趋势。

1. 跨类分析——横截面对比方法

此方法主要通过不同分类情形下的不同类别12328运输服务关注度指数对比，发现特殊信息。比如分析公路运输领域和城市客运领域或者同一领域信息咨询率和投诉率的不同，不同地区投诉量对比，不同领域投诉变动对比，等等。通过这些对比分析能够发现投诉数量等反映综合运输行业的指标的变动主要来源。此处的方法以描述统计为主，以图和表直观展示结论。

2. 跨期分析——时间序列指数平滑模型

对于季度数据进行分析时，一般要获得可比的趋势变化，可以采用两种方法：一是采用同比指标，即相比于上一年同一季度的数据的变动幅度；另一种方法是国际统计机构常用的移动平均法，对于季度数据而言，往往采用4或4的倍数的季度数据取平均数，以消除季节因素影响，得到有可比性的同比和环比数据。对于年度分析，要考虑经济周期的因素，按照周期长度进行移动平均。

以季度移动平均为例，当计算第t季度的平滑关注度时，我们使用如下公式：

$$\bar{y}_t=(y_t+y_{t-1}+y_{t-2}+y_{t-3})/4 \tag{5-1}$$

$\bar{y}_t$代表移动平均值，y_t到y_{t-3}，代表本季度到前三季度实际发生投诉量。使用这个简单移动平均方法，可以使得相邻的两个季度直接环比变得更有意义。如果考虑年度经济周期影响，计算各季度对比则更复杂，要将时间段覆盖到经济周期的时间段。由于经济周期比较难以识别其真实周期，因此这部分较少考虑。分析每一类指标的时序数据时，原则是“注重趋势、关注当前”。

3. 影响因素回归分析（除趋势方法）

上述两种方法仍然只是简单对比和时间变化趋势分析，要寻找维权指标变动背后驱动因素，往往需要借助多元回归分析。对于时间序列数据，我们使用多元回归分析时，需要对数据进行除趋势之后，采用最小二乘等方法进行分析，由于各个地区存在较大差异，因此需要使用控制固定效应的OLS方法，即面板数据固定效应模型：

$$y_{it}=\alpha_i+\alpha_1x_{1it}+\alpha_2x_{2it}+\alpha_3x_{3it}+\cdots+T+\varepsilon_{it} \tag{5-2}$$

这里y_{it}表示某领域关注度指数等指标，α_1x_{1it}、α_2x_{2it}、α_3x_{3it}等分别代表反映某领域内不同方面如意见建议、信息咨询以及投诉举报等方面指标，T代表随时间自动变化，如果控制了各个x后，T的系数仍然为正，说明综合运输服务关注度随着时间推移变得更高。

如果随着时间推移很多因素的影响发生了较大变动，那么我们可以只考虑将相邻两期的数据进行分析。此时，采用对模型（2）进行差分分析的方法：

$$\Delta y_{it}=\alpha_1\Delta x_{1it}+\alpha_2\Delta x_{2it}+\alpha_3\Delta x_{3it}+\cdots+\Delta T+\Delta\varepsilon_{it} \tag{5-3}$$

Δ表示对每个变量进行差分，即相邻两期之间变量值作差。模型（3）能更好地说明每个时期影响因素的不同，而不是像模型（2）一样认为所有解释变量对被解释变量影响一成不变，从而可以分析不同领域关注度所受到的影响因素影响大小。同理，也可以计算总体12328运输服务关注度指数受不同领域的影响因素大小。

4. 预测方法——自回归结合多元回归分析

在现有数据基础上，基于时间序列的指标变动趋势和影响因素变动，适当预测下一期指标的范围是必要的，特别是对各领域关注度等指标的预测便于运输服务监管的提前预防。我们将基于两种方法：一是只是解释时间序列的自回归分析，预测该指标下一期走势；二是结合模型（3）的多元回归分析以及回归分析中涉及的自变量变动，预测下一期关注度指标变动。相对而言，自回归是一种常用的预测方法，表示如下：

$$y_t=(\alpha+\alpha_1 y_{t-1}+\alpha_2 y_{t-2}+\alpha_3 y_{t-3}+\cdots+\varepsilon_t) \tag{5-4}$$

其中，如果 y_t 代表指标量，即投诉量等单指标，那么可以使用累计过去数据预测未来；如果 y_t 代表向量，表示公路运输关注度、城市客运关注度等数据，那么模型（4）是一种向量自回归方法，能够较好地预测各个领域关注度指标。

6　基于12328指数的热点事件分析

6.1　知识图谱技术及Cite Space软件应用

随着互联网的发展，网络数据内容呈现爆炸式增长的态势。互联网内容的大规模、异质多元、组织结构松散的特点，给人们有效获取信息和知识提出了挑战。知识图谱（Knowledge Graph）以其强大的语义处理能力和开放组织能力，为互联网时代的知识化组织和智能应用奠定了基础。一个知识图谱旨在描述现实世界中存在的实体以及实体之间的关系。知识图谱于2012年5月17日由Google正式提出，其初衷是为了提高搜索引擎的能力，改善用户的搜索质量以及搜索体验。随着人工智能技术的发展和应用，知识图谱作为关键技术之一，已被广泛应用于智能搜索、智能问答、个性化推荐、内容分发等领域。

知识图谱中包含三种节点：

实体：指的是具有可区别性且独立存在的某种事物，如某一个人、某一个城市、某一种植物、某一种商品等等。世界由具体事物组成，此指实体。如图6-1的“中国”“美国”“日本”等。实体是知识图谱中的最基本元素，不同的实体间存在不同的关系。

语义类（概念）：具有同种特性的实体构成的集合，如国家、民族、书籍、电脑等。概念主要指集合、类别、对象类型、事物的种类，例如人物、地理等。内容通常作为实体和语义类的名字、描述、解释等，可以由文本、图像、音视频等来表达。

属性（值）：从一个实体指向它的属性值。不同的属性类型对应于不同类型属性的边。属性值主要指对象指定属性的值。如图6-1所示的“面积”“人口”“首都”是几种不同的属性。属性值主要指对象指定属性的值，例如960

万平方公里等。关系形式化为一个函数，它把k个点映射到一个布尔值。在知识图谱上，关系则是一个把k个图节点（实体、语义类、属性值）映射到布尔值的函数。

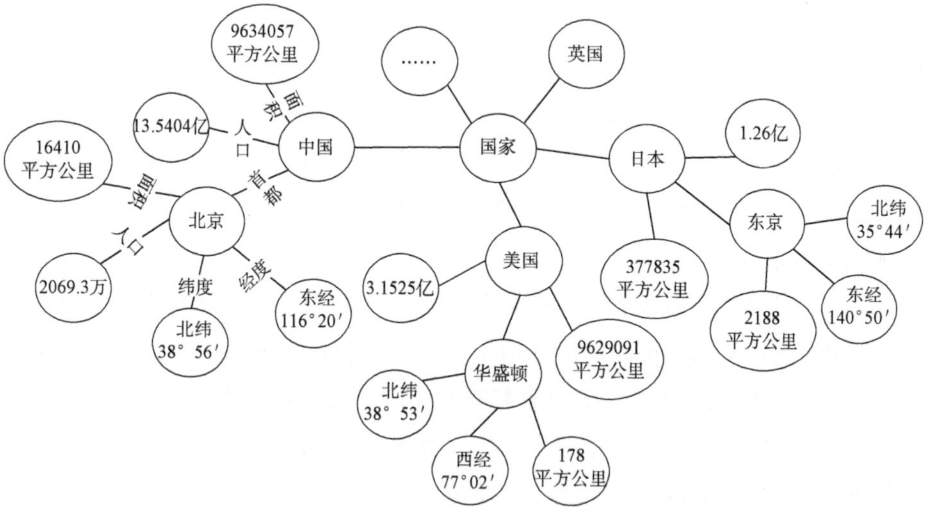

图 6-1 知识图谱示例

基于上述定义，三元组是知识图谱的一种通用表示方式，即 $G=\{E, R, S\}$。其中，$E=\{e_1, e_2, e_3, \cdots, e_n\}$ 是知识库中的实体集合，共包含 |E| 种不同实体；$R=\{r_1, r_2, r_3, \cdots, r_n\}$ 属性是知识库中的关系集合，共包含 |R| 种不同关系；$S\subseteq E\times R\times E$ 代表知识库中的三元组集合。三元组的基本形式主要包括实体 1—关系—实体 2 和实体—属性—属性值等。每个实体（概念的外延）可用一个全局唯一确定的 ID 来标识，每个属性 - 属性值对（attribute-valuepair，AVP）可用来刻画实体的内在特性，而关系可用来连接两个实体，刻画它们之间的关联。如图 6-1 的知识图谱所示，中国是一个实体，北京是一个实体，中国—首都—北京是一个（实体—关系—实体）的三元组样例；北京是一个实体，人口是一种属性，2069.3 万是属性值，北京—人口—2069.3 万构成一个实体—属性—属性值的三元组样例。

科学知识图谱以科学知识为计量研究对象，显示科学知识的发展进程与结构关系，用数学方程式表达科学发展规律，采用引文分析方法以及信息可视化技术，采用曲线、图谱等形式将科学发展规律绘制成二、三维、知识图谱、知识地图等图形。科学知识图谱的基本原理是分析信息知识单位（科学文献、科学家、关键词等）的相似性以及测度，采用不同的方法和技术绘制不同类型的科学知识图谱。

科学知识图谱的绘制是通过数据挖掘、信息处理、知识计量和图形绘制把复杂的学科知识显示出来，直观地标注研究领域在科学知识版图上的位置，从而构建其知识结构与框架。分析方法有社会网络、聚类分析、（共）引文分析、因子分析、多维尺度分析法等，可使用的分析软件有Cite Space、Spss、Uciner、Netword、Scimap、Aureka、Bibexel、Wordsmith等。

国内语言学界近年来流行使用一款可视化文献分析软件——Cite Space，它能够显示一个学科或知识域在一定时期发展的趋势与动向，形成若干研究前沿领域的演进历程。Cite Space是由华裔学者陈超美教授创制的一个文献计量学工具，可用于观察某个研究领域的研究趋势或动向，并以可视化的方式加以呈现。Cite Space可以呈现四类可视化图谱：第一类是作者、研究机构、国别；第二类是参引文献（Cite Deference）之间以及被引作者（Cite Author）之间的共引关系；第三类是关键词和术语；第四类是研究基金。Cite Space可以直观捕捉相关研究领域的热点话题、重要学者和研究机构，还能展示出特定时间跨度内新研究话题的突然激增情况，并且可视化效果好、操作简单，因此想借用其分析依托12328电话构建的综合运输行业趋势。但是由于其是一种文献分析软件，使用的数据都是依托于文献类的数据库（如CNKI、SSCI等数据库）在相应数据库搜索研究主题并下载相应文献数据即可导入到Cite Space软件中进行分析，而我们研究的数据是自己行业内统计得到的数据，数据类型与其不符，这就要求我们自己来处理构建匹配其标准的数据结构，这也是本文数据分析的难点之一。

6.2 依托知识图谱与 12328 电话数据的行业运行态势分析架构

1. 知识图谱技术架构

知识图谱的构建是从原始数据出发，采用一系列自动或半自动的技术手段，从原始数据中提取出知识要素，并将其存入知识库的数据层和模式层的过程。这是一个迭代更新的过程，每一轮迭代包含三个阶段：信息抽取、知识融合以及知识加工。知识图谱有自顶向下和自底向上两种构建方法。

①自顶向下是从百科类网站等高质量数据源中提取本体和模式信息，加入知识库中。

②自底向上是从公开采集的数据中提取出资源模式，选择其中置信度较高的新模式，经人工审核后，加入知识库中。

如图6-2所示，虚线框内的部分为知识图谱的构建过程，也包含知识图谱的更新过程。知识图谱构建从最原始的数据（包括结构化、半结构化、非结构化数据）出发，采用一系列自动或者半自动的技术手段，从原始数据库和第三方数据库中提取知识事实，并将其存入知识库的数据层和模式层，这一过程包含信息抽取、知识表示、知识融合、知识推理四个阶段，每一次更新迭代均包含这四个阶段，最终得出可视化的知识图谱图，进而进行数据分析。

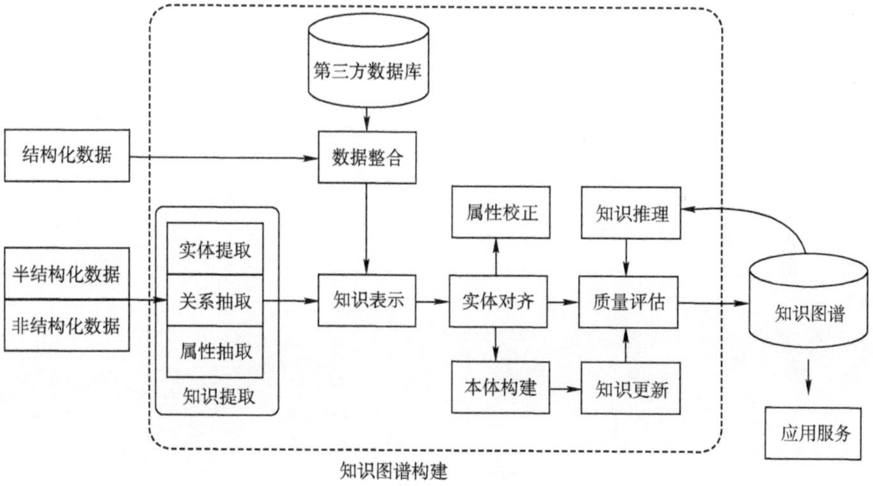

图 6-2 知识图谱的技术架构

2. 12328 电话业务数据分析

本文数据采用的是12328电话业务工单数据，包含了交通运输行业不同领域电话业务内容，是一种非结构化数据。因此，我们选择的是第二种构建方法，先从自己的基础数据中提取资源数据，转化为Cite Space中标准格式。标准格式有多种，我们选择CNKI的数据格式，因为其是中文且较容易转化。

选择需要研究分析的时间段及工单数据，然后利用Python对工单数据进行词频分析，并且把相应格式转化为Cite Space软件中对应的可分析数据。根据工单内容，可以分析全国一年各季度出现频率最高的词，得出行业热点事件，或分领域、分地区得出不同领域不同地区的交通运输热点事件，同时可以结合不同时期的知识图谱图，对比分析出热点事件变化趋势。

7 实例分析

考虑到数据的及时性以及计算的复杂程度，选取全国2018年前三季度的12328电话业务数据以及2017—2018年北京市的12328电话业务数据为例，进行12328运输服务关注度指数计算，从而进行综合交通行业问题及趋势研究，促进运输服务改进与提升，更好地把握交通运输发展态势。

7.1 全国2018年前三季度12328运输服务关注度

依据12328电话业务数据及12328运输服务关注度指数体系，计算得到全国2018年前三季度12328运输服务关注度指数。全国前三季度12328电话系统共受理有效业务1620.58万件，依据指数计算公式，具体各项指数的评价分值见表7-1。

全国前三季度12328运输服务关注度 表7-1

序号	指数名称		权重	第一季度指标值	第二季度指标值	第三季度指标值	权重
1	公路运输服务关注度A	规划立项、工程建设关注度A1	1/5	89.01	65.23	45.36	1/6
2		公路运输信息咨询率A2		123.31	103.54	124.35	
3		公路服务区关注度A3		76.12	56.24	34.45	
4		公路收费服务投诉率A4		110.63	103.05	123.54	
5		公路养护保通关注度A5		56.01	34.21	36.51	
6		公路路政执法关注度A6		67.89	59.13	55.23	
7	水路运输服务关注度B	规划立项关注度B1		89.03	45.24	24.01	1/7
8		工程建设关注度B2		89.23	63.24	34.51	
9		水路旅客运输投诉率B3		113.45	98.24	123.56	
10		水路信息咨询率B4		134.5	123.8	99.64	
11		水路货物运输投诉率B5		64.53	89.04	100.64	
12		港口、航道管理关注度B6		102.34	96.54	99.56	
13		水路执法关注度B7		94.5	54.32	64.55	

续上表

序号	指数名称		权重	第一季度指标值	第二季度指标值	第三季度指标值	权重
14	道路运输关注度C	客运汽车站投诉率 C1	1/5	109.85	100.08	83.94	1/6
15		道路信息咨询率 C2		131.25	132.3	134.5	
16		道路客运投诉率 C3		123.5	134.85	130.55	
17		道路行政审批关注度 C4		63.8	55.6	44.7	
18		道路客运政策关注度 C5		102.93	92.91	65.65	
19		道路货物运输投诉率 C6		118.8	113.6	115.8	
20	城市客运服务关注度D	运政执法关注度 D1	1/5	62.3	61.33	51.5	1/10
21		公共汽电车投诉率 D2		110.9	109.83	93.14	
22		城市轨道交通投诉率 D3		109.82	98.3	82.4	
23		巡游出租汽车投诉率 D4		123.4	155.63	135.6	
24		网络预约出租汽车投诉率 D5		125.8	146.32	116.83	
25		小微型客车租赁投诉率 D6		116.7	100.4	91.4	
26		公共自行车投诉率 D7		132.8	106.9	89.8	
27		城市轮渡投诉率 D8		45.6	52.3	55.43	
28		城市交通运行管理关注度 D9		78.9	83.4	109.32	
29		城市客运信息咨询率 D10		123.45	120.52	118.56	
30	海事运输服务关注度E	海上搜救服务投诉率 E1	1/5	79.64	89.34	65.43	1/4
31		海事管理服务关注度 E2		78.34	66.89	34.52	
32		打捞行业服务投诉率 E3		89.43	87.53	65.32	
33		海事信息咨询率 E4		89.34	108.24	98.08	

依据公式，权重乘以指数值，得到各领域12328运输服务关注度指数。各领域权重计算如表7-2所示，从而求出总12328运输服务关注度指数，即全国2018年前三季度总体运输服务关注度指数以及各个领域的运输服务关注度指数，如表7-3所示。依据数据分析，得出未来发展趋势相关结论。

各领域指数值及权重 表 7-2

序号	指数名称	第一季度指数值	第二季度指数值	第三季度指数值
1	公路运输服务关注度 A	86.81	69.95	69.63
2	水路运输服务关注度 B	98.23	81.49	78.07
3	道路运输关注度 C	108.36	104.89	95.86
4	城市客运服务关注度 D	102.97	103.49	94.40
5	海事运输服务关注度 E	84.19	88.00	65.84

12328 运输服务关注度 表 7-3

指数名称	第一季度	第二季度	第三季度
“12328 运输服务关注度”指数（TSCI）	96.11	89.564	80.76

由表中可以清楚地看出全国2018年前三季度各领域的12328运输服务关注度指数分别为96.11、89.56以及80.76，呈现逐步下降的趋势，说明综合运输服务正在向良好方向发展。而总关注度指数只能把握行业整体态势，而具体原因分析当然要从各个领域分析，才能把握要点，有针对性地提出改进意见，提升运输服务。

从不同领域来分析。如图7-1所示，在公路运输服务领域，关于公路运输服务信息咨询占有较高的关注度，其余各项都比较低，因此可以采取适当方法，比如实时发布交通信息、做好重大公路运输方面的信息宣传，更好地为公众出行服务。而关于规划立项、工程建设关注度、公路服务区关注度以及公路路政执法关注度呈现逐步下降的趋势，说明出行者对于这几方面的意见建议、信息咨询或意见建议电话业务量开始下降，说明这些领域的运输服务质量在逐渐提升。

如图7-2，在水路运输服务领域，2018年前三季度规划立项与工程建设关注度均小于90且呈现逐渐下降的趋势，说明人民群众对于水路领域规划和建设方面关注度降低。一方面原因是，水路领域的建设工程量小，范围涉及小，客观上就降低了其关注度；另一方面是，12328运输服务监督电话确实帮助人民群众解决了相关规划立项或工程建设问题，因此关于相关方面的咨询建议也就大大降低了。2018年前三季度关于水路旅客运输以及信息咨询率占比相对较高，且有些还处于增长阶段，说明群众在这方面还面临较多的问题；全处于90以上，说明是行业热点难点问题，相关部门应提高重视程度。

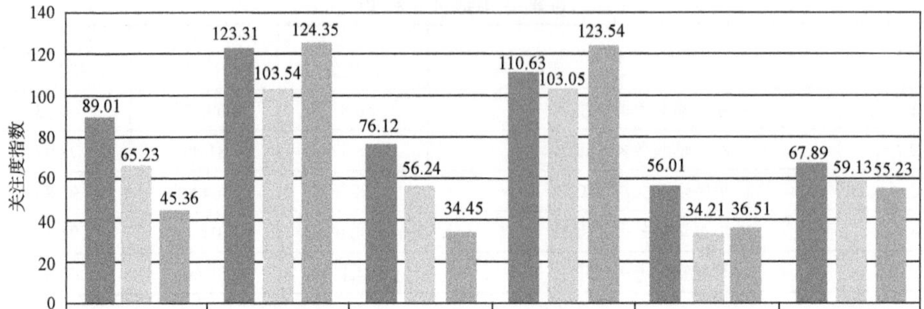

	规划立项、工程建设关注度A1	公路运输信息咨询率A2	公路服务区关注度A3	公路收费服务投诉率A4	公路养护保通关注度A5	公路路政执法关注度A6
系列1	89.01	123.31	76.12	110.63	56.01	67.89
系列2	65.23	103.54	56.24	103.05	34.21	59.13
系列3	45.36	124.35	34.45	123.54	36.51	55.23

图 7-1　公路运输服务领域各项 12328 运输服务关注度

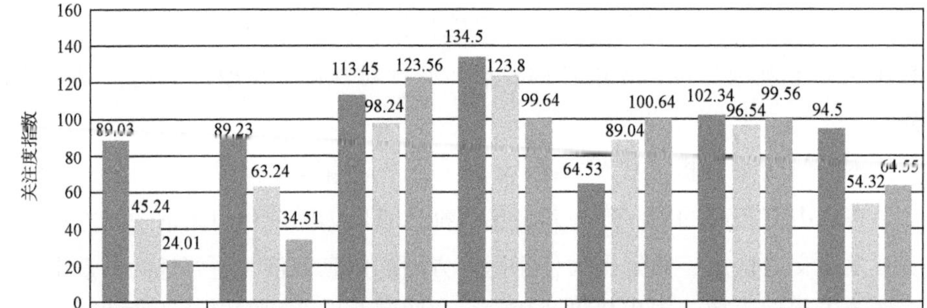

	规划立项关注度B1	工程建设关注度B2	水路旅客运输投拆率B3	水路信息咨询率B4	水路货物运输投诉率B5	港口、航道管理关注度B6	水路执法关注度B7
第一季度	89.03	89.23	113.45	134.5	64.53	102.34	94.5
第二季度	45.24	63.24	98.24	123.8	89.04	96.54	54.32
第三季度	24.01	34.51	123.56	99.64	100.64	99.56	64.55

图 7-2　水路运输服务领域各项 12328 运输服务关注度

如图7-3所示，在道路运输服务领域，关于道路信息咨询率、道路客运投诉率以及道路货物运输投诉率的关注度均在100以上，说明其关注度呈现逐渐上升的趋势，是该领域的热点难点问题，应更加重视，畅通沟通渠道，帮助群众解决诉求，才能提升群众满意度，提高综合运输服务质量。其次，关于道路运政审批以及道路客运政策关注度下降比较快，说明群众的问题减少，服务质量提升。同时，由于相邻两期的数值大小差别不大，但是基数都比较小，所得到的结果可能比值较大，因此关注度数值的大小不是反映服务质量高低的充分条件，但是是其必要条件，我们还要从本身业务量数值的大小来判断。

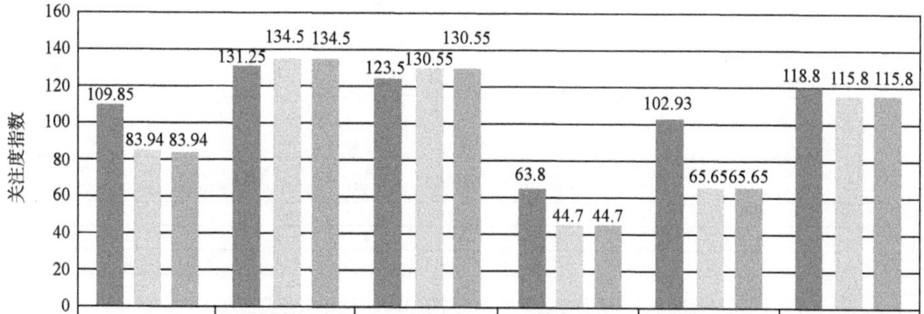

	客运汽车站投诉率C1	道路信息咨询率C2	道路客运投诉率C3	道路行政审批关注度C4	道路客运政策关注度C5	道路货物运输投诉率C6
第一季度	109.85	131.25	123.5	63.8	102.93	118.8
第二季度	83.94	134.5	130.55	44.7	65.65	115.8
第三季度	83.94	134.5	130.55	44.7	65.65	115.8

图 7-3　道路运输服务领域 12328 运输服务关注度

如图7-4，在城市客运领域，与前几个领域一样，关于运政执法方面关注度呈现逐渐下降的趋势；关于城市渡轮投诉率一直处于较低的水平说明其下降趋势明显，关注度降低。而关于其他几个方面关注度都处于较高的水平。在公共汽电车方面，关注度均大于90，是运输服务领域中的难点问题，群众问题疑问较多，因此下降不明显；在城市轨道交通方面，第一季度较高，而二、三季度有所下降且基本持平不动，说明第一季度可能因春节假期人流量较大，关注度有所提高，而二、三季度客流量相对平稳但是降低不明显，说明其所存在的问题还没有得到完全改善，因此还需不断改进工作；在网络预约出租车和巡游出租车方面，关注度均在100以上，说明其是城市客运领域的热点问题，是群众较为关心的和出现问题最多的方面，而在2018年前三季度，关于出租车和网约车的问题也确实是最突出和最严重的，因此相关政府部门和运营管理企业应加大管理力度，营造良好的运营环境；而关于公共自行车，在2018年第一度问题较为严重，各种共享单车的出现造成了各种交通运输问题，因此群众关注度也相对较高，而二、三季度，共享单车逐渐退潮和淡出市场，关注度下降；城市客运信息咨询率一直处于100以上，说明城市客运领域问题较为严重，是交通运输中的热点领域，应该更加重视，提高服务质量，满足群众的诉求。

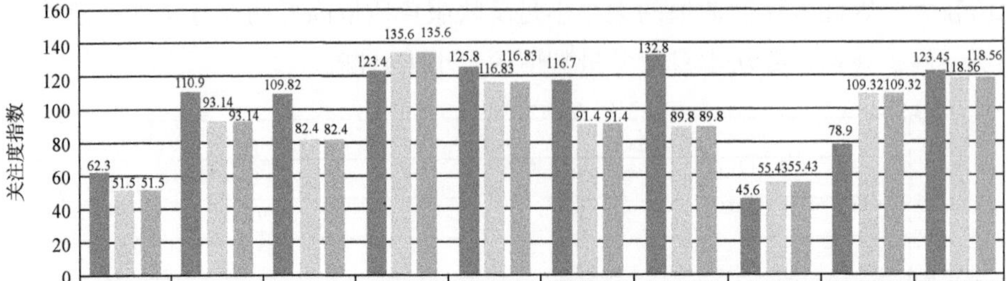

	运政执法关注度D1	公共汽电车投诉率D2	城市轨道交通投诉率D3	巡游出租汽车投诉率D4	网络预约出租汽车投诉率D5	小微型客车租赁投诉率D6	公共自行车投诉率D7	城市轮渡投诉率D8	城市交通动行管理关注度D9	城市客运信息咨询率D10
第一季度	62.3	110.9	109.82	123.4	125.8	116.7	132.8	45.6	78.9	123.45
第二季度	51.5	93.14	82.4	135.6	116.83	91.4	89.8	55.43	109.32	118.56
第三季度	51.5	93.14	82.4	135.6	116.83	91.4	89.8	55.43	109.32	118.56

图 7-4　城市客运服务领域各项 12328 运输服务关注度

如图7-5所示，在海事运输服务领域，整体关注度呈现下降趋势，其中海事信息咨询方面的问题较多，下降趋势不明显；而海上搜救、打捞行业投诉举报方面关注度都处于下降趋势，说明运输服务工作做得比较好，值得继续保持。总体而言，海事运输服务领域电话业务量并不多，关注度本身就不高。

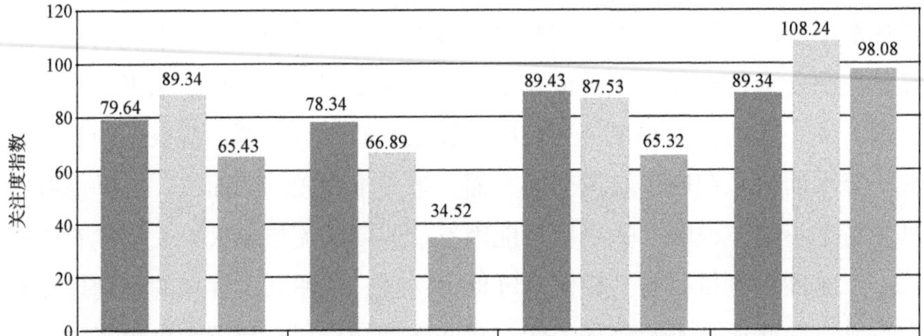

	海上搜救服务投诉率E1	海事管理服务关注度E2	打捞行业服务投诉率E3	海事信息咨询率E4
第一季度	79.64	78.34	89.43	89.34
第二季度	89.34	66.89	87.53	108.24
第三季度	65.43	34.52	65.32	98.08

图 7-5　海事运输服务领域 12328 运输服务关注度

7.2　各地区 2018 年前三季度 12328 运输服务关注度

计算分析各地区2018年前三季度12328运输服务关注度，可以了解各地区的综合交通运输服务水平，从而对比分析差异并有针对性地提出改进措施，或指导政府部门完善相关政策法规，更好地为民服务。同全国12328运输服务关注度指数计算方法一样，数据采自各地区2018年前三季度的12328电话业务数据，进而计算得出各地区2018年前三季度的12328运输服务关注度。具体数值见表7-4。

各地区2018年前三季度12328运输服务关注度 表7-4

地区	关注度		
	“12328运输服务关注度”指数（TSCI）		
	第一季度指数值	第二季度指数值	第三季度指数值
河北	98.703	99.495	94.738
安徽	87.599	86.736	85.691
北京	96.35	77.414	85.377
兵团	76.827	79.355	78.337
福建	71.251	79.893	78.33
甘肃	83.076	80.212	60.67
广东	76.333	79.49	70.493
广西	77.381	73.026	65.044
贵州	85.907	83.04	82.059
海南	80.508	83.772	82.798
河南	99.67	93.85	92.876
黑龙江	89.482	84.953	83.991
湖北	88.949	88.491	87.564
湖南	86.688	82.878	81.995
吉林	87.159	83.235	82.355
江苏	93.603	93.72	92.846
江西	86.683	83.947	80.074
辽宁	73.235	74.169	78.299
内蒙古	65.669	66.697	65.852
宁夏	71.691	76.704	75.859
青海	71.173	76.886	76.043

续上表

地区	关注度		
	“12328 运输服务关注度”指数（TSCI）		
	第一季度指数值	第二季度指数值	第三季度指数值
山东	89.084	88.957	86.115
山西	88.386	97.894	97.061
陕西	88.564	88.342	87.514
上海	80.56	89.584	88.43
四川	83.916	89.918	89.105
天津	80.077	80.072	89.261
西藏	77.406	81.078	80.276
新疆	72.033	72.401	71.613
云南	70.333	72.686	71.901
浙江	95.169	93.582	92.806
重庆	88.900	89.120	81.230

从表中可以看出，各地区运输服务关注度数值差别还是较大的。数值越大说明其关注度越高，越需要重视；数值越低说明其综合交通运输服务水平越高。从图7-6、图7-7中可以看到各地区2018年前三季度12328运输服务关注度整体范围在60~100之间，其中河北、安徽、河南、山西、浙江等地区12328运输服务关注度较高，说明其综合交通运输服务水平还有待提升；而甘肃、广东、广西、内蒙古、云南等地区运输服务关注度较低，说明其12328运输服务水平较高，也可能是地区人数少、12328运输服务监督电话普及推广程度低等原因。从中还可以看出各个地区12328运输服务关注度的变化情况，直接明了地判断其综合运输发展态势。因此应用12328运输服务关注度指数，可以很好地分析综合交通运输发展趋势。

如图7-8所示，2018年前三季度运输服务关注度大于等于90的有河北、河南、江苏和浙江4个省份；关注度大于等于80的地区，如图7-9所示有19个地区，分别为河北、安徽、贵州海南、河南、黑龙江等，其关注度处于较慢下降的趋势，综合运输服务质量还有待发展。全国12328运输服务关注度较高的地区，也是问题较严重的地区，应该重点加强管理和监督。

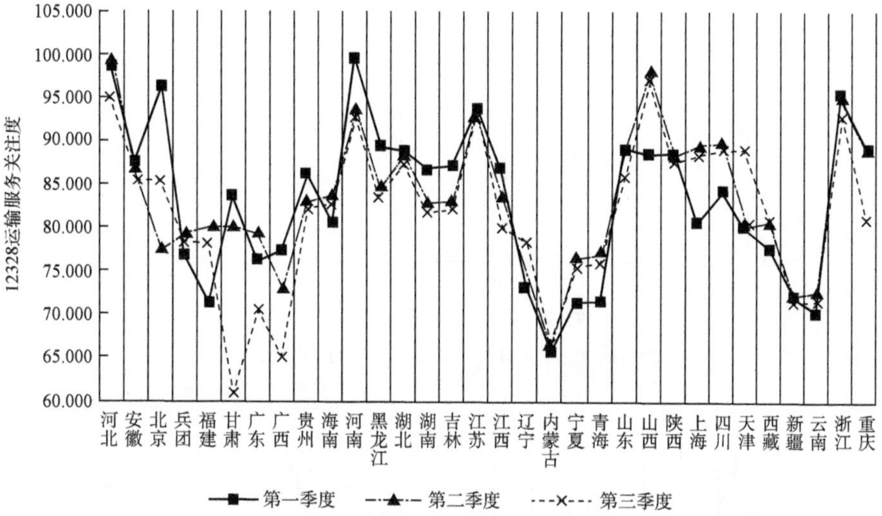

图 7-6 全国 2018 年前三季度 12328 运输服务关注度

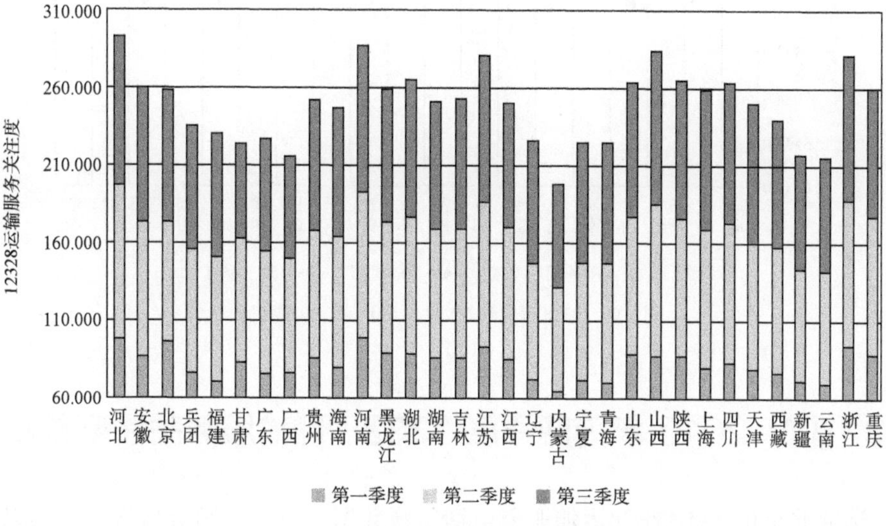

图 7-7 各地区 2018 年前三季度 12328 运输服务关注度

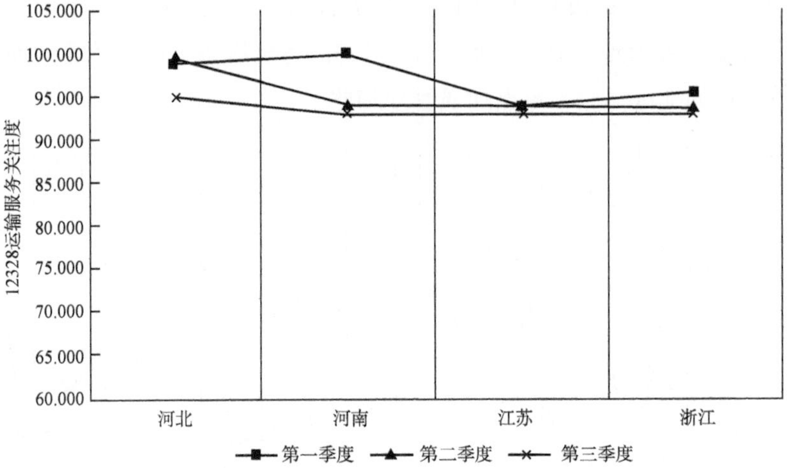

图 7-8　12328 运输服务关注度大于等于 90 的地区

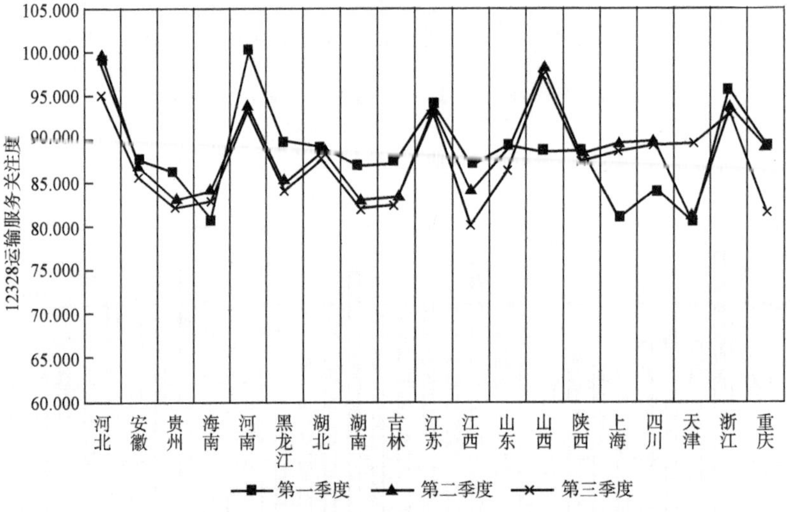

图 7-9　12328 运输服务关注度大于等于 80 的地区

7.3　北京 2018 年前四季度 12328 运输服务关注度预测

选取北京市历年12328运输服务电话监督数据，应用回归分析方法，可以预测未来一个季度的北京12328运输关务关注度变化趋势，从而把握北京交通运输发展动态，指导相关部门改进工作。

（1）输出均方根误差和参数估计结果

选择菜单分析→预测→创建模型→将公路运输信息咨询率选择到因变量→方法选择指数平滑→条件→选择Brown线性趋势→选择自然对数→继续→统计量→勾选均方根误差、参数估计→继续→确定。

得到如下结果：

从表7-5中可见，均方根误差为12.226。

公路运输信息咨询率模型统计量 表 7-5

模　型	预测变量数	模型拟合统计量		Ljung-BoxQ（18）			离群值数
		平稳的 R 方	RMSE	统计量	DF	Sig	
公路运输信息咨询率 A2- 模型 _1	1	200	12.226		0		0

从表7-6中可见，参数估计为4.844。

公路运输信息咨询率模型参数 表 7-6

模　型					估计	SE	t	Sig
公路运输信息资询率 A2- 模型 _1	公路运输信息资询率 A2 QUARTER，period 4	自然对数 无转换	常数 分子	滞后 0	4.844 -0.044	0.099 0.039	49.046 -1.117	0.000 0.315

（2）输出ACF和PACF图形并对其特征进行分析，看是否满足白噪声序列的条件

选择菜单分析→预测→自相关→将公路运输信息咨询率选择到变量→勾选自相关、偏自相关和自然对数转换→确定。

得到如下ACF与PACF图形：

从图 7-10 可知，序列的各阶自相关函数值显著不为 0，同时随着阶数的增大，函数值缓慢下降。而偏自相关函数值则有明显下降，迅速落入置信区间，正负交错，说明这是一种非周期具有波动性的非平稳序列的自相关函数图和偏自相关函数图。而白噪声序列的各阶自相关和偏自相关函数数值在理论上均与 0 无显著差异，函数值均落在置信区间内，且没有明显的变化规律，因此不满足白噪声序列的条件，拒绝原假设（各阶自相关函数和偏自相关函数在理论上均与 0 无显著性差异）。

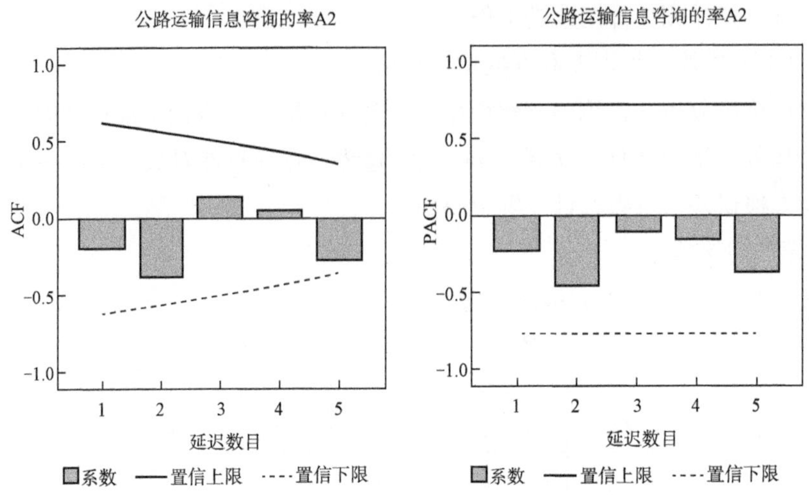

a)　　　　b)

图 7-10　公路运输信息咨询率自相关和偏相关图

（3）给出2018年第四季度的预测值，并输出拟合图

选择菜单分析→预测→创建模型→将公路运输信息咨询率选择到因变量→方法选择指数平滑→条件→选择Brown线性趋势→选择自然对数→继续→统计量→勾选按模型显示拟合度量、Ljung-Box统计量和离群值的数量、平稳的R方、R方、均方根误差、拟合优度、参数估计、显示预测值→图标→勾选序列、观察值、预测值、拟合值、残差自相关函数、残差部分自相关函数→输出过程→选择在输出中包括所有的模型→选项→选择模型评估期后的第一个个案到指定日期之间的个案→年中填写2018年第二季度→确定。

得到如表7-7和表7-8输出结果：

公路运输信息咨询率指数平滑法模型统计量　　　　表 7-7

模　　型	预测变量数	模型拟合统计量			Ljung-BoxQ（18）			离群值数
		平稳的 R 方	R 方	RMSE	统计量	DF	Sig	
公路运输信息资询率 A2- 模型 _1	0	-0.490	0.661	2.956		0		0

R方越接近于1，效果越好。由表可知，R方为0.661，拟合效果较好，这主要原因是数据太少，如果时间跨度更长的话，则拟合效果会更好。

公路运输信息咨询率指数平滑法模型参数　　表 7-8

模　型			估计	SE	t	Sig
公路运输信息资询率 A2- 模型 _1	无转换	Alpha（水平）	1.000	0.416	2.406	0.053

由表7-9和图7-11可以看出，2018年第四季度公路运输信息咨询率为94.35。同理，采用时间序列和指数平滑的方法，即可求出其他领域下一季度的12328运输服务关注度。

公路运输领域信息咨询率 2018 年第四季度预测值　　表 7-9

模　型		Q4 2018
公路运输信息资询率 A2- 模型 _1	预测	94.35
	UCL	101.58
	LCL	87.12

注：对于每个模型，预测都在请求的预测时间段范围内的最后一个非缺失值之后开始，在所有预测值的非缺失值都可以用的最后一个时间段或请求预测时间段的结束日期（以较早者为准）结束。

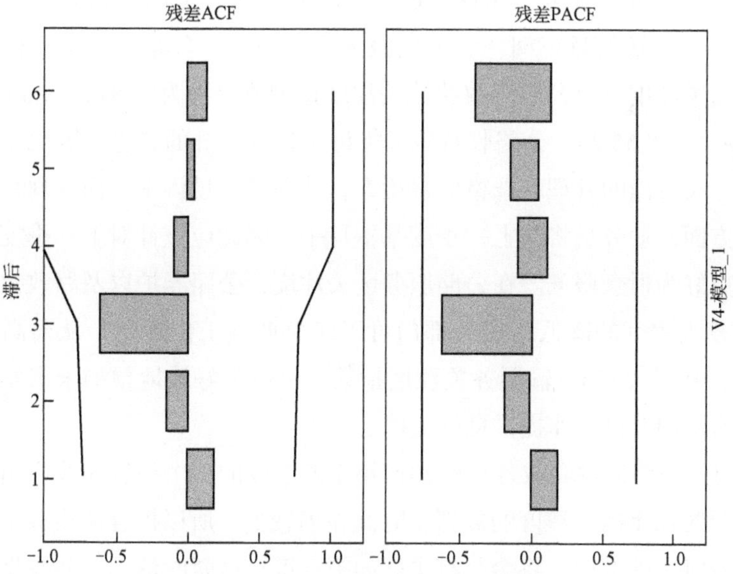

图 7-11　公路运输信息咨询率自相关和偏相关图

如图7-12所示，通过把公路运输领域的各个指标选择为因变量，从而预测分析其下一季度的关注度数值。

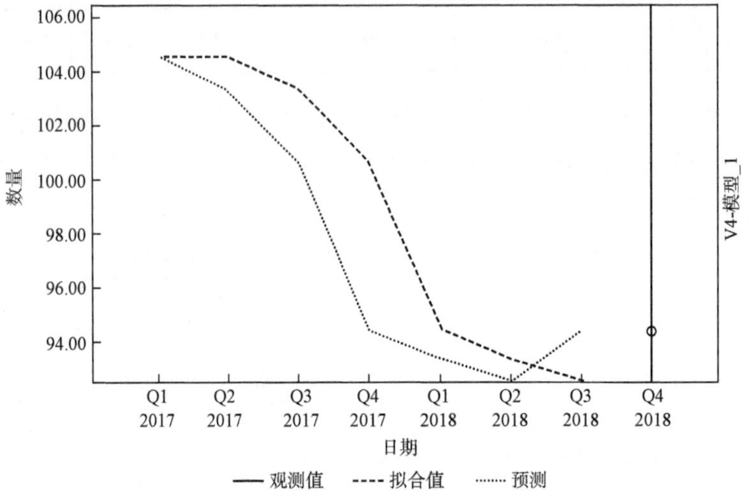

图 7-12 公路运输领域信息咨询率 2018 年第四季度拟合曲线

从表7-10中可以看出，2018年四季度公路运输领域的规划立项、工程建设关注度、公路运输信息咨询率、公路服务区关注度、公路收费服务投诉率、公路养护保通关注度以及公路路政执法关注度预测值分别为82.87、94.35、60.06、109.76、36.5以及55.23。公路收费服务投诉率将有上升的趋势，因此要做好运输服务收费相关方面的管理，严格监督检查，从而降低投诉率。而在规划立项与信息咨询率方面，业务量将与上一季度基本持平，因此应该针对上一季度问题，做好改进，更好为群众服务。在公路服务区关注度、公路养护以及路政执法等方面关注度有较大程度的降低，相关部门可以实时调整工作计划，从而高效为民服务。因此，基于12328运输服务关注度指数，可以很好地地预测未来发展趋势，为指导政府部门改进工作提供良好支撑。

图7-13是公路运输领域各指标2018年第四季度的一个拟合曲线，由于只采用了2017年及2018年前三季度的数据，时间序列较少，所以拟合曲线并不太理想。但是，随着时长的增加，将会具有更好的拟合度，而暂时依据这些数据进行时间序列预测，同样是具有一定的科学性和合理性。因此，关于2018年第四季度的预测值，是可以作为参考、从而指导相关部门工作的。

公路运输领域各指标 2018 年第四季度预测值

表 7-10

模型		Q4 2018
规划立项、工程建设关注度 A1- 模型 _1	预测	82.87
	UCL	134.56
	LCL	31.07
公路运输信息咨询率 A2- 模型 _2	预测	94.35
	UCL	101.58
	LCL	87.12
公路服务关注度 A3- 模型 _3	预测	60.06
	UCL	139.28
	LCL	-19.16
公路收费服务投诉率 A4- 模型 _4	预测	109.76
	UCL	145.92
	LCL	73.60
公路养护保通关注度 A5- 模型 _5	预测	36.5
	UCL	76.6
	LCL	-3.6
公路路政执法关注度 A6- 模型 _6	预测	55.23
	UCL	93.99
	LCL	16.47

注：对于每个模型，预测都在请求的预测时间段范围内的最后一个非缺失值之后开始，在所有预测值的非缺失值都可以用的最后一个时间段或请求预测时间段的结束日期（以较早者为准）结束。

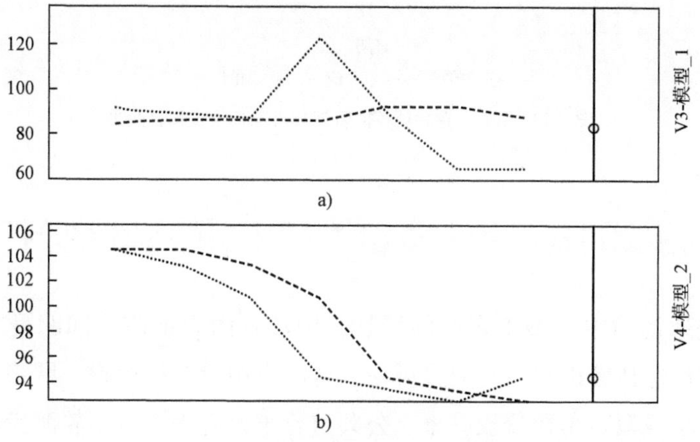

b)

图 7-13

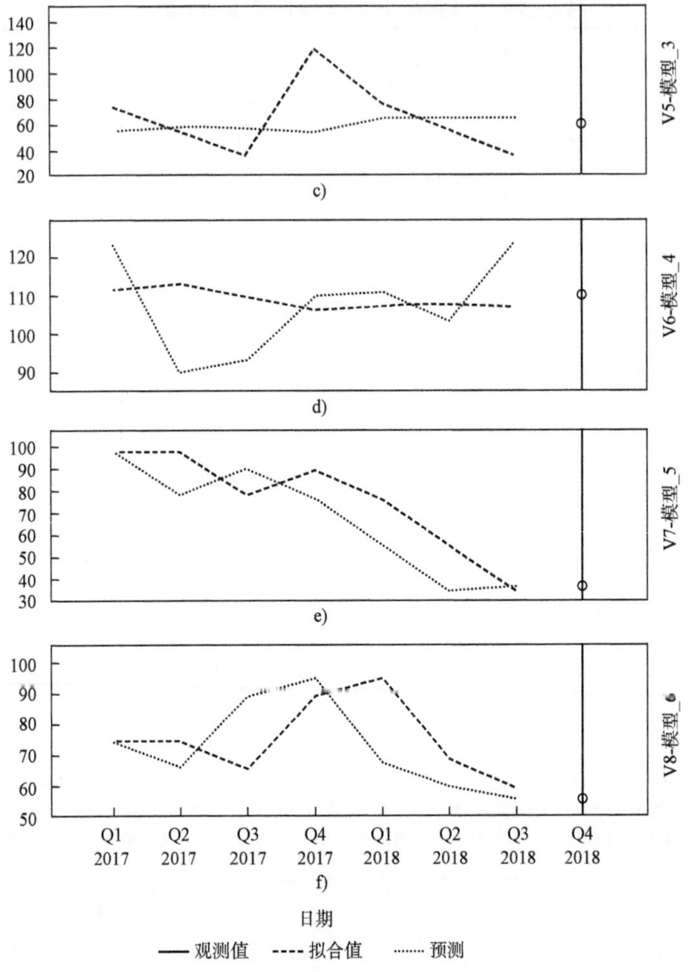

图 7-13　公路运输领域各指标 2018 年第四季度拟合曲线

7.4　北京 2018 年前三季度 12328 热点事件分析

综合交通运输中，城市客运领域是其中涉及内容最广、问题最多的一个领域，主要指标包括城市轨道交通投诉率、巡游出租汽车投诉率、网络预约出租汽车投诉率、小微型客车租赁投诉率、公共自行车投诉率、城市轮渡投诉率、城市交通运行管理关注度、城市客运信息咨询率等。因此，选择北京2018年前三季度城市客运领域数据进行分析，可以很好展示城市客运领域热点事件，分别分析不同方面工单数据中词频大小，进而找出热点事件、倾向性事件等，分析原因，得出结论。

首先把北京2018年前三季度12328电话业务工单数据全部数据导入Python软件中进行文本拆分，之后转换为Cite Space软件中CNKI数据库相同的格式，利用软件进行分析，得到在这个时间段内，出现频率最高的词或热点事件。如果把各个时期的数据全部导入，那么可以看到它们的变化发展趋势及事件的发展动态。不过数据较多，还有待尝试。

以北京市2018年前三季度12328的数据为例，得到知识图谱图7-14。

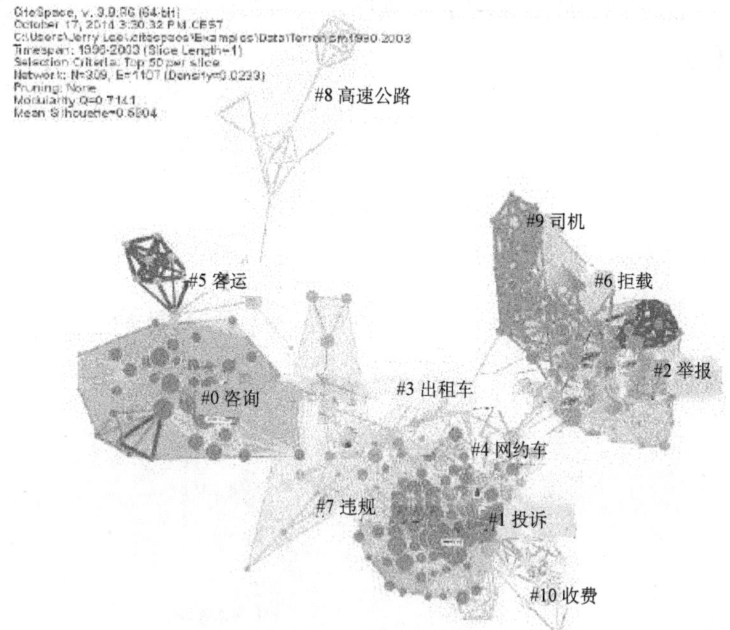

图 7-14　北京市 2018 年前三季度知识图谱

该图谱反映了北京2018年前三季度所有12328电话业务量中词频最高的几个词语，展现了北京市2018年前三季度综合运输行业热点、难点问题。从图中可以看出，咨询的电话业务最多，其次是投诉和举报，这也正对应电话业务数据的三大类，信息咨询、意见建议和投诉举报。民众咨询的电话业务量最多，可以说明民众对许多政策法规或信息状况不了解，因此相关管理部门应该加大信息宣传、及时发布重要信息、拓宽信息渠道，从而提升人民满意度。其次，出租车和网约车领域是民众反馈意见最多的，高速公路、拒载、违规、乱收费等次之，说明在北京市2018年前三季度这些问题比较突出，应该引起相关部门重视，只要是涉及这方面的问题的，都要采取措施，积极应对，才能更好地保障运输服务质量。

图7-15是北京市前三季度关于出租车方面问题的知识图谱，反映了2018年北京市前三季度关于出租车方面的主要热点、难点问题。从图中可以看出，在出租车领域群众较多问题是信息咨询和投诉举报，而通过词频的展现可以看出，主要的问题有信息咨询、物品丢失查询、司机绕路、乱收费、拒载、态度恶劣、不打表等问题，而这些问题正是出租车领域常见的问题。因此相关管理部门应该严加管理，加大监督检查力度，规范行业秩序，从而保证群众合法权益，提升出行者的安全感和满意度。

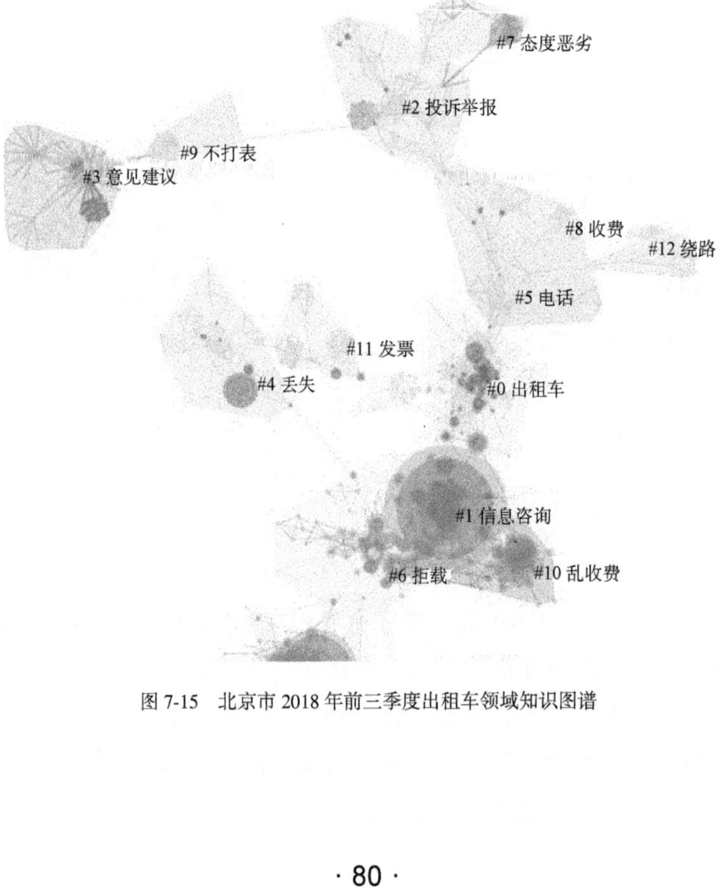

图 7-15　北京市 2018 年前三季度出租车领域知识图谱

8 结论及建议

本文基于已经建立的全面、系统、科学的12328电话业务指标体系，对其所反映的行业现状进行分析，提出构建12328指数的必要性，并建立了切实可行的指数评价体系及指数计算方法。同时，应用12328运输服务关注度指数，来发现交通运输行业的发展问题，分析综合交通不同领域不同时间、不同地点的发展趋势；同时应用12328电话业务工单数据，结合Cite Space分析软件，以城市客运领域为例分析其热点事件及事件发展趋势，为综合交通运营与管理提供科学支持。

为了保障综合运输行业更好发展，建议相关政府部门运用法律、经济手段，借助于必要的行政手段，对综合运输服务产业的发展实施决策、组织、控制、调节等干预活动。对经济活动进行宏观调控，是市场经济体制下政府的主要职能，尤其对运输行业这种基础产业的调控对推动国民经济发展具有重要意义。综合运输行业作为重要的国民经济基础性行业，在产业链中处于基础和先导地位，产业关联性强，对经济、社会发展具有战略作用，其发展速度、规模、布局及其经济行为将直接关系到国家的全局利益，必须接受政府调控。

政府交通主管部门应设置专职机构，具体实施对运输行业的专业管理。这种管理属中观层次，负责国家宏观产业政策、产业方针、产业规划和法律、法规、技术标准、技术规范的贯彻落实，代表政府行使监督、协调职能，执行对运输行业市场的监控，推进建设市场、养护市场、营运市场的有序竞争和发展完善。同时，各个运输专业管理机构应该承担政府管理者的角色，从市场准入、市场结构、收费标准、投资预算、服务质量等方面对高速公路经营企业的经营活动进行干预和指导，从而达到维护社会效益的目的。

当前综合运输行政管理矛盾最为突出的是各种运输方式在运营期的路政管理和交通安全管理。这两个管理分别属于两个行政执法部门，造成了一系列弊端。解决这一矛盾的根本出路只有一条，即“集中统一”，即针对运输行业的特点，实行有别于其他行业的混合交通管理模式，将路政和交通安全以及交通运输服务机构统一协调管理，更好促进运输服务质量提高。

在机制保障方面，统一管理标准。目前我国运输行业管理职能分属于各省（市）、各地区管理单位，各自为政现象严重。运输服务管理，没有统一的行业标准和要求，造成我国综合运输服务质量水平参差不齐，影响了整体服务质量和行业形象。因此，有必要建立一套统一的综合运输服务质量管理标准，出台收费、路政、运政、养护、安全以及配套服务设施等各个服务环节相关的管理办法。

建立考评机制。在各种运输方式服务管理中，准确把握发展现状，查找问题和不足，是保证服务质量不断提高的基础。因此需要在建立起统一的运输服务质量管理标准的基础上，构建全国运输服务质量考评机制。根据评价标准体系，全面、系统、准确、有效地测评各条高速公路服务质量现状，为管理决策提供依据；通过评价与比较，找出差距与薄弱环节，并分析原因，及时提供给运输管理部门，以便采取对策，有利于提升运输服务质量；此外，通过分析评价，利用预测手段制定运输服务质量发展战略和规划，以进行有效的宏观管理。

完善监督机制。运输服务管理中既有国家赋予的行政管理权，又有经济活动的有关收益权。因此，在运输服务管理体制中，监督机制的建立，应作为一项约束与规范管理权力行使的重要任务来执行，应视为管理体制系统有序运作的内在要求。建立运输服务管理体制的运作监督机制，一方面要从建立规则、完善制度入手，形成管理机构与管理人员自我约束、相互监督的运作秩序，形成上级管理主体监督下级管理主体的职责关系，建立运输服务管理体制内部整体的、良好的自我监督体系；另一方面运输产业作为社会经济的一部分，还应接受社会监督，自觉将各项管理活动置于群众、舆论和国家专职行政监督部门的监督之下。

增强管理人员服务意识。“三个服务”的发展思想是交通行业贯彻落实科学发展观的具体体现，是新时期我国交通发展的总方针和总纲领，对于促进交通由传统产业向现代服务业转型具有重大战略意义。综合运输服务行业作为国民经济的大动脉，在高速公路网络日渐完善的基础上，服务质量的提升成为进一步发展的关键。意识决定行动，增强管理人员的服务意识，改变管理人员发展观念，将有助于运输服务管理体制的理顺和改革，有助于运输服务管理水平的提高。

提高管理服务人员综合素质。综合运输服务质量的提升需要全体人员共同的努力，综合素质的提高是根本。通过行业宣传，增强各级管理服务人员的服务意识；通过教育培训，提高各级管理服务人员的业务水平；通过设置奖惩等管理机制，来督促各级管理人员素质的形成和提升。提高管理服务人员综合素质，建设一支整体水平高的管理服务队伍，将成为运输行业服务质量不断提升的重要保障。

附件一　网约车领域发展态势分析专题

1　研究范围

为更好地满足社会公众多样化出行需求，促进出租汽车行业与互联网融合发展，规范网络预约出租汽车经营服务行为，保障运营安全和乘客合法权益，现基于12328运输服务监督电话季报和建立的12328运输服务关注度指数及行业趋势研究方法，选取北京、上海、深圳、南京、厦门、沈阳、重庆七个出租车、网约车行业较为发达且工单数据较为完整的城市，以其2017—2018年业务工单数据总量进行分析，开展网约车发展态势分析工作，并以此作为全国参考。

2　现状与趋势

2.1　发展现状

在构建综合运输服务体系方面，出租车和网约车服务是城市客运领域的一个重点，是出现问题最多、最难管理的一个领域，也是民众出行时选择较多的一种出行方式。对于出租车、网约车行业的研究，将有助于促进城市客运领域的良好发展，对于综合交通建设具有重要意义。出租车分为巡游出租汽车和网络预约出租汽车，专车简称网约车。为了简化便于表述，这里把出租车和专车统称为网约车，本文对于网约车的研究即包括了对巡游出租车、网络预约出租车与专车的研究。

目前，出租车和网约车是国内城市使用最为频繁的交通工具之一，不仅要达到低油耗、低故障、低养护、低购价等基本要求，还要在安全性、舒适性、操控性等各个方面符合大众的时代需求。网约车已成为城市客运市场中无法小觑的新生力量。网约车行业的发展将乘客的消费对象从传统出租车引向了网络预约专车，特别是在“打车难、服务差”等传统出租车带来的消费感受不佳与网约车平台的大额补贴之下，巡游出租车的发展更加困难。为了适应网约车行业发展，网约出租车行业也同网约专车行业一样不断抢占市场空间，纷纷快速扩充网约出租车数量，随之带来了较多的安全隐患问题。

2018年6月5日，交通运输部、中央网信办、工业和信息化部、公安部、中国人民银行、税务总局和国家市场监督管理总局等七部委联合印发《关于加强网络预约出租汽车行业事中事后联合监管有关工作的通知》，明确了网约车行业事中事后联合监管工作流程。

在省级层面，29个省（自治区、直辖市）发布了指导意见；在城市层面，有214个城市已经发布实施细则，53个城市已完成公开征求意见工作；在直辖市、省会城市、计划单列市等36个重点城市中，34个已正式发布实施细则。已有80多家网约车平台公司获得经营许可，各地累计发放网约车驾驶员证34万多本、车辆运输证20万多本。

同时，为了加强对综合交通运输的服务管理，提高综合交通发展质量，保障人民出行安全和提高人民满意度，国家已经在全国开通了“12328”交通运输服务监督电话专用特服号码，这是交通运输行业统一的社会公益性服务监督电话。12328的主要功能包括交通运输行业的服务监督、投诉举报、咨询服务等，业务领域主要覆盖道路运输、公路、水路等行业。随着12328电话建设的深入推进，电话覆盖面与影响力逐步扩大，服务功能逐步拓展，服务行业发展和改善民生的能力不断增强，特别是对于网约车监督管理能力有了更大的提升，促进运营环境逐渐向良好的方向发展。

2.2　趋势特点

2017—2018年关于网约车的电话业务工单数据约有46万条，同时每个季度统计的各省份典型案例约有2880条。通过对2017—2018年12328电话业务数据以及各省份案例汇总数据的分析，得出现在网约车发展主要有以下趋势和特点：

2.2.1　网约车行业运营规范化

不管是传统的网络预约出租车行业还是现在的网络预约专车行业如滴滴，运营都开始向着规范化方向发展。近一年来，纵览各地网约车细则，均对平台、车辆、司机三方面提出要求。其中，30个重点城市均要求网约车要有“三证”（道路经营许可证、道路运输证、从业资格证）才可运营。据初步统计，各地已发放网约车驾驶员证约10万本。从网约车行业健康发展的角度来说，新政的实施让网约车企业疯狂补贴、无序竞争的局面逐渐结束，企业开始关注服务提升、多元经营。虽然网约车行业还没有找到清晰的盈利模式，但是网约车行业已经逐渐从野蛮生长回归理性发展，向着规范化方向发展。同时相关政策的不断落实和严格实施，也让网约车行业向着更加规范化方向发展。

2.2.2　网约车监督全面化

随着12328运输服务监督电话的推广，以及省市的不断努力，关于网约车安全问题、服务态度问题以及拒载、绕路、乱收费等运营管理问题都得到了较大的改善和提升。例如上海市针对“首汽约车”平台上叫车发生多收费的问题，市执法总队约谈“首汽约车”平台，郑重告诫企业正确履行监管主体义务，认真处理市民诉求，按照要求及时办结，规范填写答复内容，切实提高信访热线处置质量。此外，各地还在出租车拒载、拼客、不正确使用计价器、网约车平台服务不规范等方面出台有效举措，维护行业稳定、保障行业服务质量。部分地方主管部门采用不同的出租车和网约车管理思路，使得新业态能够适应旧业态的管理框架，加强监管，使得网约车政策不断适应和解决现存问题，减少网约车非法经营、杜绝灰色空间。

2.2.3　网约车市场需求持续增长

从市场需求来看，据相关部门估计2017年中国整体出行需求为29亿次/天，其中网约车的潜在市场需求约为0.95亿次/天，考虑各出行方式的自然增长率及其相互转化，2020年网约车市场的潜在出行需求约为1.1亿次/天，对应的市场规模约为1.1万亿元/年。从2020年网约车市场供求关系来看，用户对网约车的需求远大于市场的供给，产业发展潜力巨大。根据12328运输服务监督电话数据显示，打车难、车辆少等问题依然突出，网约车灵活性强，在空间上可以有效填补公交和出租车服务不足的区域。以北京五环外为例，62%的网约车出行起讫点处于公共交通覆盖不足区域，便利偏远地区人们的出行。网约车未来市场需求依旧很大。

2.2.4　网约车市场“一超多强”

目前国内的网约车企业呈现出“一超多强”的局面，主流的网约车企业有滴滴出行、首汽约车、易到用车、神州专车等，滴滴出行是我国网约车市场中的先行者和领头羊，2017年滴滴平台为全国400多个城市的4.5亿用户提供了超过74.3亿次的移动出行服务（不含单车及车主服务）。这相当于2017年年中，全国平均每人使用滴滴打过5次车。2017年全年，滴滴顺风车和快车拼车服务累计分享座位超过10.5亿个。同时，滴滴平台全年为出租车司机链接了11亿次出行需求。滴滴出行在网约车市场中占据超90%的份额。“一超多强”的局面，给网约车治理带来了较大的困难，从典型案例和业务工单数据可以清楚地看出，群众关于滴滴出行的投诉问题最多。

3　发展态势分析

3.1　典型问题

通过分析2017—2018年前三季度七省份报送的典型案例及其12328业务工单数据，分析得出目前网约车领域主要存在以下问题：

3.1.1　网约车监管存在非正常审核通过的漏洞

首先司机仅需将相关材料上传平台网站，司机只需符合网约车平台公司的较为简单的资格要求，便可注册成为网约车司机，相关审核只是对车况、驾龄进行的简单匹配，并未进行进一步的筛选，审核通过的司机素质参差不齐，可能会有部分发生车祸甚至有犯罪记录的不良记录司机通过筛选。其次，网约车平台中的漏洞容易被某些不法中介利用，即使司机本身不能通过正常渠道通过平台筛选，仍然可以经过这些中介绕过平台审核—只要利用注册时平台的“遮号漏洞”，将自己的驾驶执照、行驶证和与自己驾驶执照牌照后几位的相同“假牌照”填写信息就能够通过检测并成功注册。网约车平台的目的在于收益，在意识到这些漏洞以及不法中介的存在之后，可能依然选择放任不管而非严审。因此打车过程中经常遇到“马甲网约车”的情况，乘客无法通过平台所提供的信息辨析所选司机安全与否，审核过程的漏洞可能会导致严重的安全问题。

3.1.2 网约车的驾驶安全问题严重

很多网约车司机在车上装了一个或两个手机架，时常在一单未完成之前就抢另一单，或者接听拨打手机，即使司机有所注意，但是仍然存在较大的危险，让乘客非常担心自己的安全，也增大了发生交通事故的风险。网约车在运营过程中也存在着“刷单”的欺诈行为。“刷单”也分为几种不同的类型：首先，当平台给予较大补贴的时候，网约车司机可以通过“自己给自己下单”来赚取平台的补贴；其次，有的司机通过送完乘客之后再返回原地，并返还乘客返回的车费，再让乘客支付来回车费来刷取里程数；也有的司机会请求乘客帮其刷一单代驾来完成平台下达的每天固定次数的代驾任务。甚至有司机通过安装一些第三方软件，来筛选订单、篡改里程、改变路线，增加了网约车驾驶安全风险，一定程度上也损害了乘客利益。

3.1.3 网约车的拒载现象严重

网约车司机在接单之后，如果司机对乘客的目的地不满意，部分司机会以各种理由拒载。即使滴滴出行通过隐藏乘客目的地来解决拒载这一问题，但是司机可以通过第三方软件来得知乘客目的地再进行挑客拒载。网约车司机素质参差不齐可能会导致大量的投诉，但是在网约车运营过程中，评价机制、投诉机制以及赔偿机制不能有效进行。仅就投诉机制来说，即使网约车司机态度恶劣，但是为了防止网约车司机打击报复，部分乘客仍然给予好评。对于“马甲车”“换人车”等违规车辆，乘客有时难以进行有效的投诉。发生事故或者纠纷之后平台与司机互相推责的情况时常发生，乘客难以有效地保护自己的利益。

3.1.4 网约专车与传统出租车“恶性竞争”

无论是公众普遍反映的打车难、态度差、价格高，还是传统出租车司机反映的“车份钱”过高、司企关系紧张等问题，背后都是源于出租车行业一直没有打破的垄断格局。对出租车数量的决定并不是根据市场的实际供求关系，而是依据有关部门的主观判断，有关部门并没有开放市场进而促进有效的自由竞争。人为的决定准入与否，必然会加大手上拥有出租车经营权的人的权利，导致持有牌照发放权的人与持有牌照的人之间形成寻租关系，阻碍了稳定有序、可持续发展的市场的形成。

而网约车行业是市场化的产物，其快速发展对传统出租车行业造成了巨大的冲击。自网约车行业发展初期网约车平台提供网约车的巨额补贴开始，网约车行业已经对传统出租车行业造成了冲击。以南京市为例，截至2017年，全市出租车有 12000 多辆，但是目前已经有近4000辆出租车退租停运，即使出租车公司降低“份子钱”或者进行补贴也难以挽留，留下的司机也难以恢复之前的收入水平。加之现在出租车也具有网上预约的功能，同网约专车一样接受在线预约，也可能导致同网约专车一样的司机拒载、乱收费、服务态度差等问题，更加扰乱市场秩序。

3.2　细化指标

通过典型案例问题分析，建立网约车领域的分析评价指标，对于历年来网约车领域存在的问题进行系统科学的分类。在网络预约出租车和网约专车领域，由于其涉及平台服务相关方面问题，在信息平台方面有其相较于巡游出租车的不同问题。综合考虑在网约车领域，从平台服务、运营服务、运营管理以及其他四个方面，来综合评价网约车行业所出现的问题，具体评价指标如附表1-1所示。

网约车分析评价指标　　附表 1-1

一级指标	二级指标	指标解释
01 平台服务	01 管理	包括司机身份查验、车辆管理，以及对超范围经营、以巡游方式上街揽客等行为的管理等
	02 投诉	包括投诉举报渠道、解决的时效等
	03 资金	包括乘客账户资金安全以及退款时效等
	04 派单	乘客约车后等车的时间长短
	05 其他	如信息泄露等
02 运营服务	01 拒载	待租状态下拒绝搭载乘客
	02 绕路	包括偏离常规线路行驶、超出正常距离或时间、收取超额费用等
	03 甩客	未到目的地终止服务等
	04 计价议价	包括不使用计价器、议价、计价器不准确等
	05 拼客	在乘客拒绝与他人合乘的情况下仍搭载其他乘客
	06 票据	包括票据与实际不符、不提供票据等
	07 文明驾驶	包括违章变道、超速、接打电话、发微信、操作手机软件等影响乘客安全与舒适性的驾驶行为
	08 爽约	已接受电话预约但不应约提供相应服务

续上表

一级指标	二级指标	指标解释
02 运营服务	09 非法营运	包括未经许可擅自从事网约车经营，以及线上线下车牌号、车型、驾驶员不一致等
	10 其他	其他关于服务方面的问题
03 运营管理	01 打车难	包括等车时间过长、等不到车等
	02 油补	燃油等补贴是否足额、及时发放
	03 黑车经营	未取得有效经营资格上路运营等非法经营行为
	04 异地经营	出租车在异地且当地无经营许可的情况下拉客的行为
	05 其他	其他关于运营管理方面的问题
04 其他	01 财物遗失	包括财物遗失的反映、招领渠道查询等
	02 物品找回	是否找回及失物领取方式
	03 其他	如表扬等

通过对指标进行细化，系统科学地掌握出租车、网约车领域现存问题，然后通过科学合理分析，应用12328运输服务关注度指数，把握其发展态势，可以为城市交通治理和发展提供参考。

3.3 发展分析

由于细分指标较多，在数据分析统计时，有些指标数据考虑较少，因此可以把有些指标统一归纳为某一方面。具体方式为把平台服务中的二级指标全部归纳为平台问题；把拒载、甩客、拼车归纳为一项；绕路、乱收费、态度恶劣、非法营运、打车难、财物遗失及找回、其他等各为单独一项，从而进行统计分析，可以得出我国近年来网约车行业存在的问题及变化趋势。

3.3.1 横向分析

横向分析法，也称横断面分析、截面分析。横向分析法是对同一时期数据资料进行横剖研究，探讨在特定时期不同对象之间相关程度、关系与变化的方法。其特点是在横向联系基础上，撇开各种事物、现象和过程的具体特征，以抽象方式探讨对象目标变化的趋势与规律。因此，在同一时期，我们可以分析不同地区网约车不同方面的对比情况。

附表1-2是2017年1月至2018年6月间北京、上海、深圳、南京、厦门、沈阳以及重庆七城市的12328电话业务工单数据统计表。表中包括了各个城市主要在网约车领域出现的典型突出问题，以及网约车电话业务工单数与电话业务工单总数。

2017 年 1 月—2018 年 6 月份统计数据汇总　　附表 1-2

地区	指标										
	平台管理	拒载、甩客、拼客	绕路	乱收费	态度恶劣	非法营运	打车难、油补	财物遗失、找回	其他	网约车	总计
北京	2490	2892	928	5292	1871	2007	710	13956	3888	34033	56426
上海	2741	19118	10232	19222	18878	1383	4636	8043	3824	88077	100008
深圳	2190	6952	1526	8043	4817	2636	2070	28722	15298	72254	103739
南京	1118	11330	9203	9363	5282	844	5977	5101	4426	52644	61246
厦门	880	1046	773	3390	937	868	910	26455	2443	37702	41714
沈阳	898	11197	808	5933	4742	1245	16631	21073	11153	73680	91599
重庆	1035	8272	1163	6178	3639	2784	3785	52334	10258	89448	96466

附图1-1是2017年—2018年七城市的网约车电话业务工单数据与总电话业务工单的数据统计对比图。从中可以看出，在每个城市的12328电话业务工单数据中，网约车数据占了将近九成，可见网约车领域是群众投诉举报、意见建议最多的领域，其中北京与厦门处于相对较低的状态，业务工单数分别为34003和37702条，而重庆、上海、深圳是排名前三的城市，分别达到了89448、88077以及72254条，非常值得相关部门重视，采取积极措施进行行业治理。

由于失物招领电话业务工单数较为突出，因此单独分析。附图1-2是失物招领以外的其他网约车领域较为突出的问题对比图，从图中可以看出，北京乱收费问题较为突出，而其他问题都相对较少；上海地区主要是拒载、甩客、拼客、乱收费和态度恶劣等问题较为突出；深圳地区主要是拒载、甩客、拼客和乱收费问题较为突出；南京地区主要是拒载、甩客、拼客、绕路和乱收费问题较为突出；厦门总体业务数量较少，其中乱收费较为突出；沈阳地区业务工单数量较多，且主要是拒载、甩客、拼客、打车难和乱收费、态度恶劣等问题较为突出；重庆地区主要是拒载、甩客、拼客以及乱收费问题较为突出。从中可以看出各地区主要的问题不太相同，附图1-3所示，失物招领占比39%，而拒载、甩客、拼客和乱收费均占比15%，随后是态度恶劣和打车难问题，分别占比10%和9%。可以看出，除了失物招领以外，需要对司机拒载、乱收费、服务态度和打车难问题加大管理和监督，维护良好的运营环境。

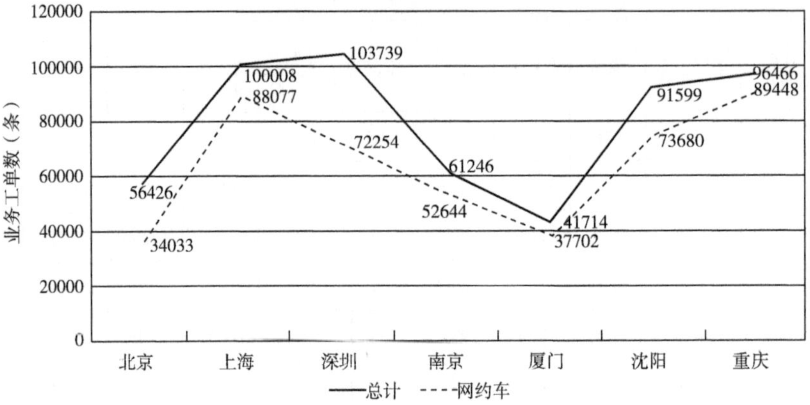

附图 1-1　2017 年—2018 年各地网约车数据对比图

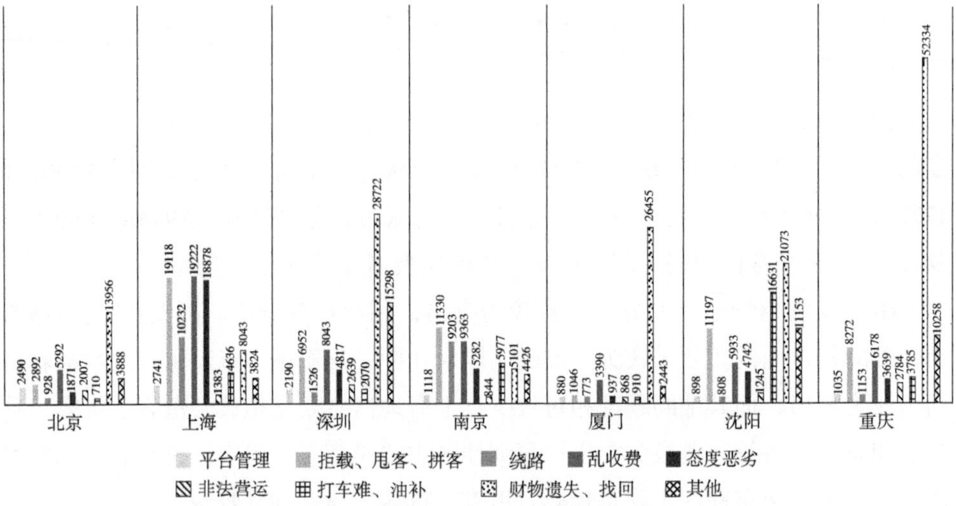

附图 1-2　2017 年 1 月—2018 年 6 月各地网约车问题对比图

附图1-4是2017—2018年各地区失物查找对比图，从中可以看出，12328电话业务确实帮助许多群众解决了查找失物的问题。虽然失物查找数量大小不能反映行业问题大小，但是反映了为人民服务能力的大小。因此，应该继续发挥12328电话服务热线的功能，帮助人民解决身边的问题，全方位为人民群众服务。

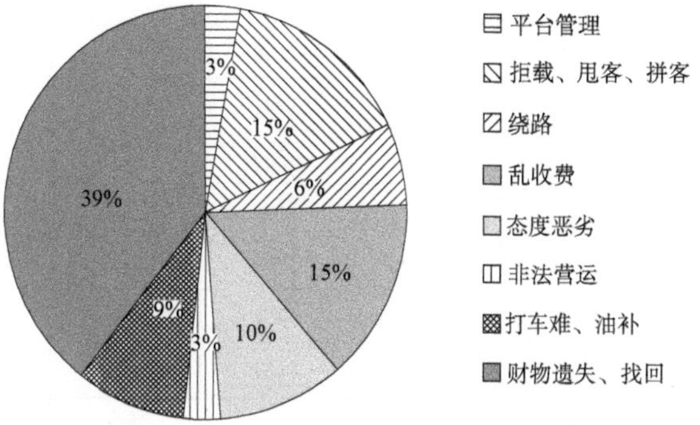

附图 1-3　2017 年 1 月—2018 年 6 月各问题占比图

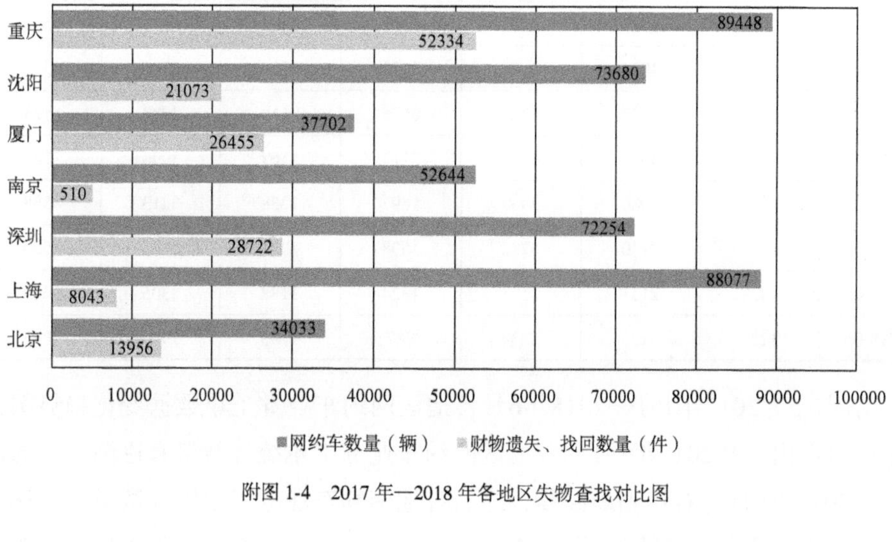

附图 1-4　2017 年—2018 年各地区失物查找对比图

3.3.2　纵向分析

对12328业务工单数据进行纵向分析，主要是从时间跨度的角度进行不同地区、不同方面问题的发展趋势变化分析。

（1）网约车业务发展总趋势分析

附表1-3是2017年1月—2018年6月各地每月网约车业务工单总数，通过对其数据分析可以发现网约车业务近年来的变化趋势。

2017 年—2018 年 6 月各地每月网约车业务工单总数 附表 1-3

时间	地区网约车业务工单数（件）						
	北京	上海	深圳	南京	厦门	沈阳	重庆
2017-01	909	4929	3654	3508	709	4028	4115
2017-02	1980	4382	3270	2941	1666	4041	4087
2017-03	2739	6051	3748	3267	2462	4450	5450
2017-04	2171	5787	3952	3499	2230	4124	4230
2017-05	2136	6112	4239	3800	2440	5009	5120
2017-06	2050	6117	4669	3457	3171	6780	5502
2017-07	2533	7146	5386	4131	3199	5001	6390
2017-08	2545	6592	4453	3933	2896	5221	6339
2017-09	2095	5820	4678	3631	2901	4615	5908
2017-10	1903	5269	4362	3445	2670	4350	5802
2017-11	1777	5119	4233	3311	2468	4112	5530
2017-12	1549	4924	4132	3123	2238	3896	5324
2018-01	1688	4832	4223	2675	2118	3988	5123
2018-02	1817	4673	4112	2117	1567	3990	5103
2018-03	1793	3980	3999	1897	1338	3213	4558
2018-04	1675	3110	3782	1598	1298	2567	4530
2018-05	1439	2111	3123	1324	1138	2305	3440
2018-06	1234	1123	2239	987	1193	1990	2897

附图1-5为2017年1月—2018年6月各地区网约车业务工单数据变化趋势图，从中可以看出，从2017年1月起各地区网约车业务工单统计数量有逐渐上升的趋势，在2017年6月左右达到最高峰，之后各地网约车业务工单统计数量呈现逐渐下降的趋势，至今一直处于下降趋势。同时，从中可以看出，上海地区网约车业务初期投诉举报或信息咨询业务工单数较高，且后期下降较快，说明12328交通运输服务监督电话起到了明显作用，网约车行业问题有了明显的改善；而重庆、沈阳、深圳，业务工单数量和发展趋势大致相同；北京、厦门网约车行业业务工单数量相对较少，说明上述地区网约车行业问题较少，治理监督服务体系较为完善。

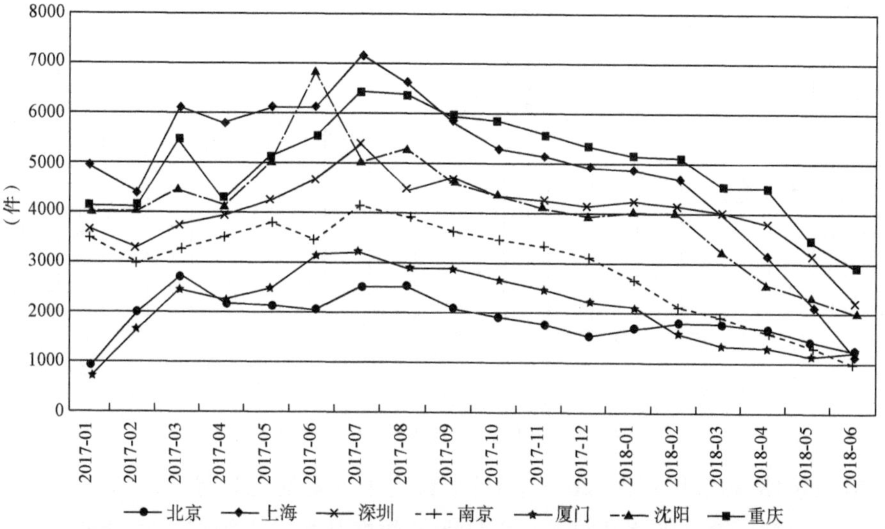

附图 1-5　2017 年 1 月—2018 年 6 月各地区网约车业务工单数据变化趋势图

附图1-6是对七大城市2017年1月—2018年6月每个月份关于网约车业务工单数的汇总数据，通过对其加和汇总，以此来分析全国网约车近两年来发展态势。从中可以看出，在2017年7月网约车领域问题达到最高峰，七个城市数据之和将近有3.5万条，且在2017年7月以前，网约车领域电话业务工单数量呈现一个逐渐上涨的趋势，虽然没有对原因进行统计分析，但是可以看出的一个重要原因就是12328交通运输服务监督电话的普及，群众有了可以反映问题或建议的渠道。2017年7月之后，网约车电话数据逐渐下降，说明政府或相关运营管理部门对群众的问题的解决或意见建议的采纳，对网约车问题治理监督更加全面和规范，行业开始向着良好的方向发展。以此来判断，在2017年第三季度，是网约车行业的一个转折期，全国网约车领域电话数量从不断上涨开始转为逐渐下降，向着良好的方向发展。

（2）网约车领域分指标趋势分析

网约车领域分指标问题主要包括平台管理、拒载、绕路、乱收费、态度恶劣、非法运营、打车难、物品遗失和找回以及其他等九个方面。通过对七大城市的各个方面问题数据汇总统计，得到各个方面的总体数据，从而用此来推测全国网约车领域分指标发展趋势。下面将分别对其进行分析，从而把握其发展态势，指导相关部门改进提升工作服务水平。

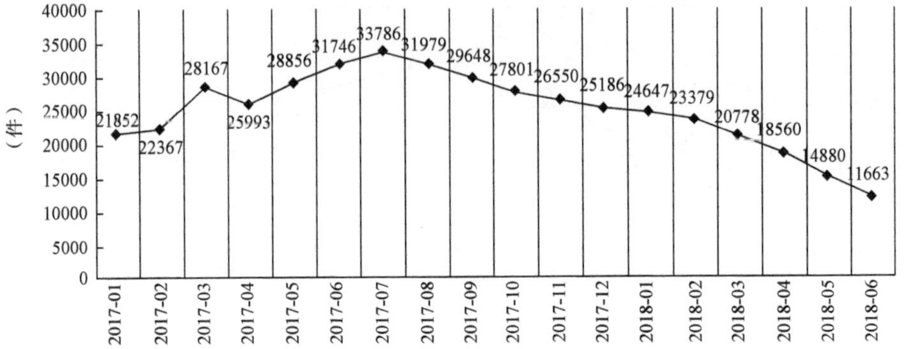

附图 1-6　2017 年 1 月—2018 年 6 月网约车发展态势图

附图1-7是2017年1月—2018年6月平台管理问题变化趋势图，从中可以看出平台管理问题一直呈下降趋势，且电话业务数据基数一直较小，说明问题并不特别突出，应继续保持。

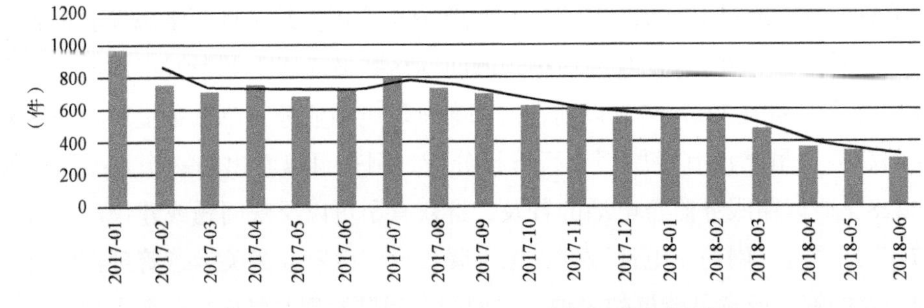

附图 1-7　2017 年 1 月—2018 年 6 月平台管理问题变化趋势图

附图1-8是2017年1月—2018年6月拒载、甩客、拼客问题变化趋势图。从中可以看出趋势一直存在波动，且基数较大，说明拒载问题在网约车领域依旧较为严重，但是从2018年以来，其发展呈现下降趋势，说明相关部门加大了治理力度，拒载问题开始减少，行业服务向规范化方向发展。

附图1-9是2017年1月—2018年6月绕路问题变化趋势图。从中可以看出变化趋势为先增后减，且基数较小，说明绕路问题在网约车行业并不突出，且治理得到改善。

附图1-10是2017年1月—2018年6月乱收费问题变化趋势图。乱收费问题包括发票问题、不打表问题以及额外加费问题。从中可以看出趋势为先增后减，且基数较大，说明绕路问题在网约车行业比较严重，但通过治理，相关问题现在得到了一定改善。

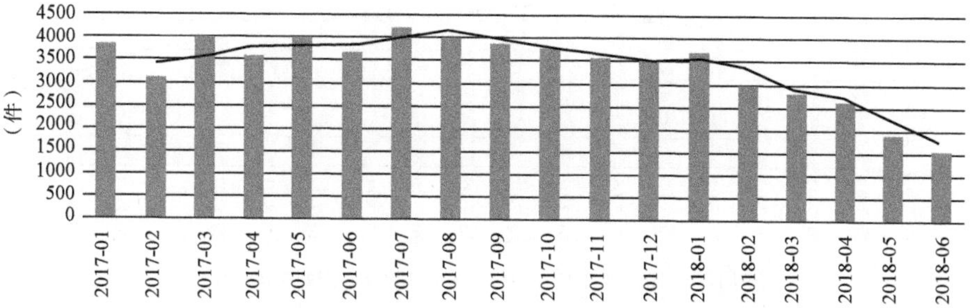

附图 1-8　2017 年 1 月—2018 年 6 月拒载、甩客、拼客问题变化趋势图

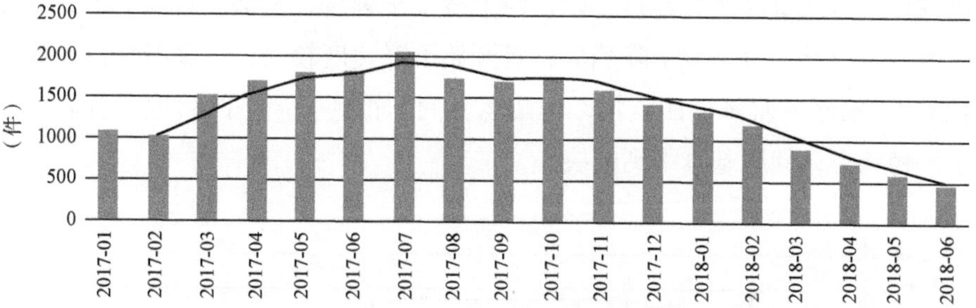

附图 1-9　2017 年 1 月—2018 年 6 月绕路问题变化趋势图

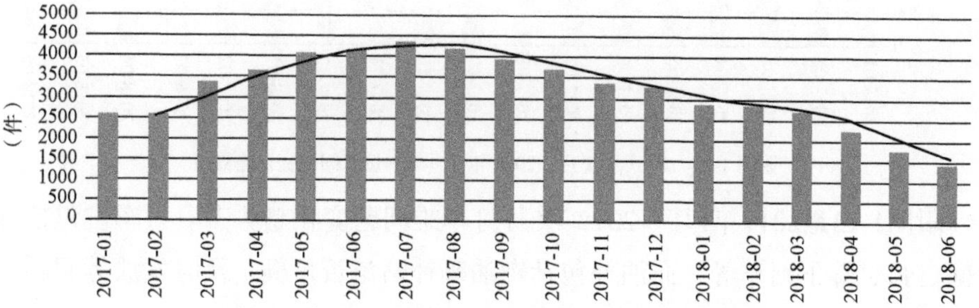

附图 1-10　2017 年 1 月—2018 年 6 月乱收费问题变化趋势图

附图1-11是2017年1月—2018年6月态度恶劣问题变化趋势图。态度恶劣问题包括服务态度不友好、辱骂乘客、违章变道、超速、接打电话、发微信、操作手机软件等影响乘客安全与舒适性的驾驶行为以及爽约等。从中可以看出趋势为先增后减，且基数较大，说明服务态度问题在网约车行业中比较严重，司机素质有

待提升，但通过12328运输服务监督电话监督数据，可以看出相关问题现在得到了一定改善。

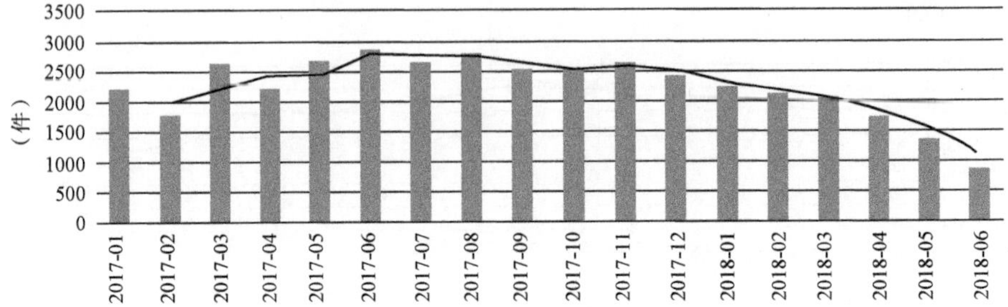

附图 1-11　2017 年 1 月—2018 年 6 月态度恶劣问题变化趋势图

附图1-12是2017年1月—2018年6月非法运营问题变化趋势图。非法运营包括未经许可擅自从事网约车经营，以及线上线下车牌号、车型、驾驶员不一致等。从中可以看出其一直呈现下降趋势，且开始下降速度较快，后逐渐平稳，说明通过12328运输服务监督电话监督，非法运营问题得到了严格的治理，且后期基本处于平稳状态，问题基本得到解决。

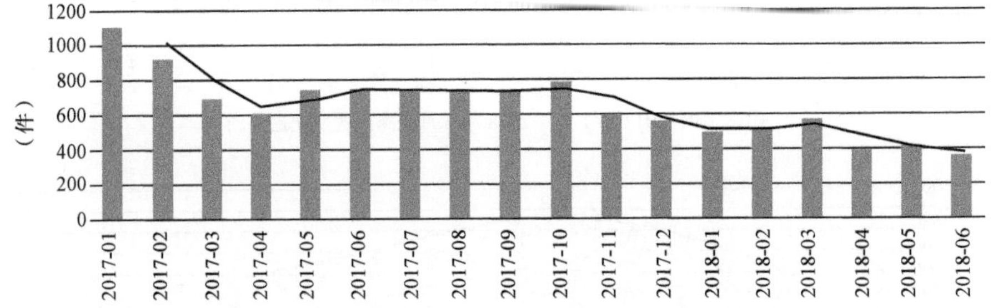

附图 1-12　2017 年 1 月—2018 年 6 月非法运营问题变化趋势图

附图1-13是2017年1月—2018年6月打车难问题变化趋势图。打车难包括等车时间过长、等不到车等，而油补包括燃油等补贴是否足额、及时发放等问题。从中可以看出趋势为前期是快速增长，后期逐渐下降，且基数较大，说明打车难问题也是比较突出的一个问题，通过12328运输服务监督电话监督，打车难问题得到了不断治理，相关服务治理体系不断完善。

附图1-14是2017年1月—2018年6月物品遗失和找回问题变化趋势图。从中可以看出趋势为前期快速增长后期渐下降，且基数较大，说明物品遗失及找回问题在12328运输服务电话业务数据中占比较高，12328电话是群众找回物品的一个途径。虽然数据的大小不能说明网约车领域的问题大小，但是可以说明12328电话起到了很好地为人民服务的作用。

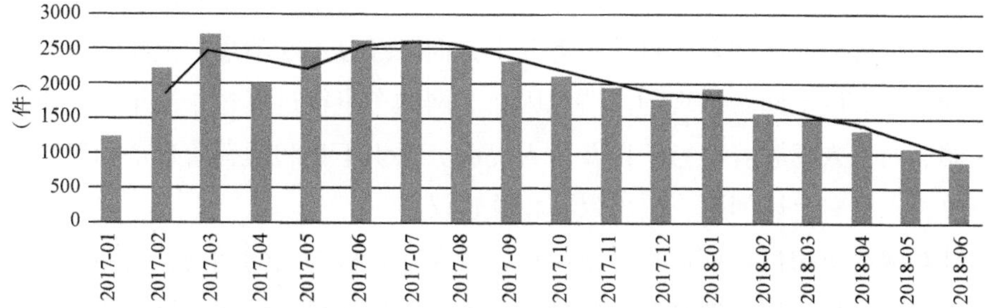

附图 1-13　2017 年 1 月—2018 年 6 月打车难、油补问题变化趋势图

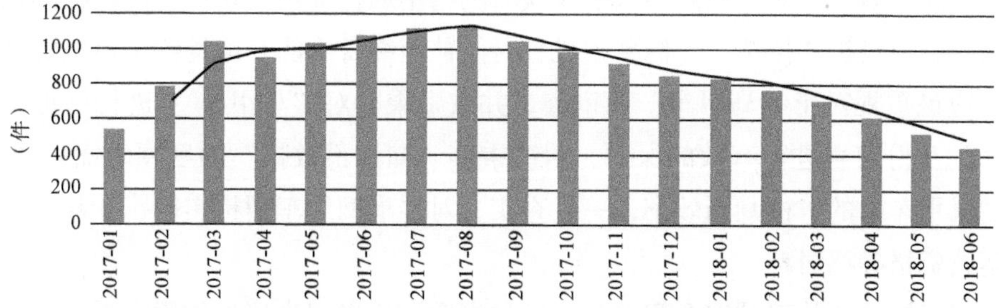

附图 1-14　2017 年 1 月—2018 年 6 月财务遗失、找回问题变化趋势图

附图1-15是2017年1月—2018年6月网约车行业其他方面问题变化趋势图。从中可以看出趋势为波动性变化，说明在其他方面有着不同方面的问题，问题不具有规律性，如果后期想更深入分析，可对其问题再进行细分。

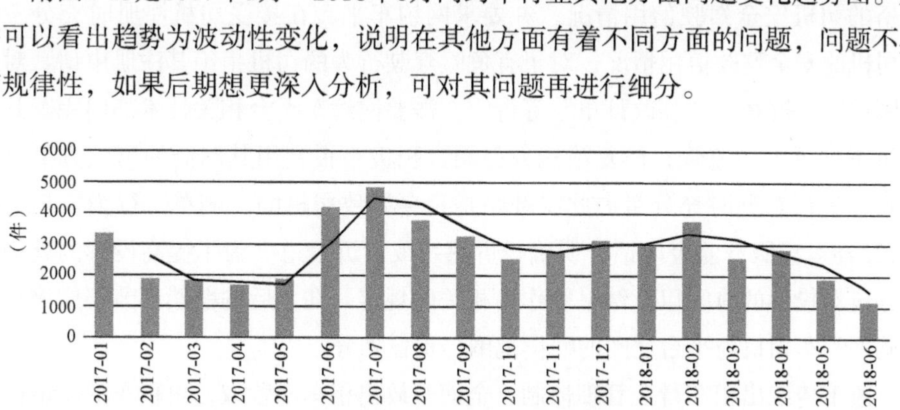

附图 1-15　2017 年 1 月—2018 年 6 月其他问题变化趋势图

4 结论

通过以上分析，可以看出网约车领域面临的问题主要有拒载、绕路、乱收费、态度恶劣、非法运营、打车难等几个方面，经过不断治理，近年来都开始呈现下降趋势。以上问题出现的主要原因在于网约车审核过程过于简单以及存在审核漏洞、司机人驾驶安全意识以及为人民服务意识不足和运营管理部门管理体制有待改善。针对上述问题，提出以下相关建议。

针对网约车司机审核过程过于简单以及存在审核漏洞的问题，需要完善审核机制、解决审核漏洞、提高准入门槛。首先要明确司机身份，再进行相关考试或者审核。为了解决网约车司机的身份合法化问题，给乘客更多的安全保障，平台可以建立黑名单，对于通过不法手段获取网约车运营资格的司机，可以将其拉入黑名单，一旦被“拉黑”，涉事司机长时间甚至终身不能获取网约车司机资格。平台应该重视对于“马甲车”的审查，并鼓励乘客对“马甲车” 进行举报，对乘客的身份信息进行有效的保护，解决乘客“知情不敢报”的后顾之忧。 提高对“马甲车”的审核判断效率，一旦查实，对涉事网约车司机实行罚款甚至取消其运营资格等惩罚。

对于网约车的驾驶安全问题，仅通过事后评价来解决仍然作用有限，可以考虑从源头上来提高驾驶的安全性。公安交警部门可以向平台提供申请“网约车”资格的司机安全驾驶信用情况，并要求网约车平台在接受司机注册时充分考虑该司机的安全驾驶信用情况，对于有危险驾驶行为的司机拒绝其注册申请。对于“刷单”“挑客”“篡改订单”等行为，需要网约车平台相关技术部门完善其对司机不良行为的监管，修复第三方漏洞，积极举报利用其漏洞的第三方平台，并且在进行补贴时充分考虑此次补贴是否会导致司机的“刷单”行为。拓宽推广12328运输服务监督电话，明确投诉热线或投诉渠道。为了提高投诉的处理效率，应对投诉的时间以及结果等作出相关的规定。在之后的赔偿环节，应该首先明确网约车司机与平台之间的赔偿范围与责任划分。

改革传统出租车行业管理体制，全面开放出租车经营权，出租车的数量应由市场实际供求决定。网约车的产生和发展意味着出租车行业全面市场化的条件已经具备，政府不应该紧握着特许经营权的利益而置整个出租车行业的发展于不顾。政府应该把控好自身与市场的界限，充分发挥市场自我调节的作用以及竞争机制的作用，通过放宽准入和鼓励竞争来实现供求均衡，政府则发挥有限监管的作用，从根本上破除出租车行业发展的障碍。

附件二　各地网约车领域 12328 电话成果运用典型案例

（1）围绕重点工作，及时解疑答惑

2016 年底，北京市网约车管理政策正式发布实施。2018 年一季度，北京市交通委 12328 举报投诉中心与市交通委运输局、审批中心、考试中心等密切沟通配合，认真受理群众咨询投诉，耐心进行说服教育，梳理汇总意见建议，起到了普及政策、解答疑惑、回应关切、引导舆论的良好作用，有力推动了网约车管理政策的有序实施。

（2）助力执法监管，维护市场秩序

2017 年一季度，上海市交通委员会执法总队根据 12328 电话投诉情况梳理出租汽车类违法线索 300 余条，立案查处违法行为 200 余起，其中行政处罚近 40 起，有力维护了出租汽车行业正常运营秩序。针对群众投诉黑车非法营运较多的问题，青海省海北州海晏县交通运输局集中开展了打击非法营运专项整治行动，查处非法营运车辆 11 辆，有效净化了城区运输市场环境。

（3）梳理行业舆情，服务领导决策

《关于深化改革推进出租汽车行业健康发展的指导意见》和《网络预约出租汽车经营管理暂行办法》发布后，沈阳市依托 12328 电话系统认真梳理网约车相关舆情，以专报形式及时送省厅、市局领导和相关业务处室阅研，为地方交通运输主管部门研究制定网约车管理实施细则提供了有力参考。

（4）助力执法监管，维护市场秩序

2017 年三季度，上海市交通委员会执法总队借助 12328 电话系统，受理并处置出租汽车类投诉举报 5100 余件，根据投诉情况梳理各类违法线索 400 余条，立案查处违法行为 130 余起，有力维护了出租汽车行业正常运营秩序。

（5）线上线下并举，助力出租行业治理

针对网络预约出租汽车领域车辆无证运营等投诉举报业务量增加、且经相关部门约谈要求整改但效果不显著的情况，南京运管部门对滴滴、美团等网约车平台实施“加码”处罚，暂停两个月上述平台网约车车辆核验，将相关处罚信息纳入全国信用信息共享平台和全国企业信用信息公示系统。

上海接到市民通过“滴滴”打车软件约上车一分钟内被显示“抵达目的地”的投诉后，立即展开调查，要求“滴滴”提供沪 ×××××× 车辆在 × 月 ×× 日当天的平台接单、完单记录等有关信息，经比对并确认某驾驶员的挑客行为后，对其开具调查通知书，同时要求其所在出租汽车公司强化驾驶员管理，防止“秒完单”行为再次发生。

广东珠海针对出租车司机收取“返空费”疑似“假发票”等问题，通过对涉及各视频点的监控点录像回放、查找与比对，并在有关高速公路公司的配合下，最终锁定嫌疑司机，并对其乱收费行为进行了立案查处，并责令退还“返空费”。

河北邢台、广西柳州、重庆、四川凉山、贵州贵阳、江西萍乡等多地针对出租汽车驾驶员服务态度差、多收费或不打表收费、多次拒载、春运期间私自涨价等问题，依法依规对相关驾驶员采取服务质量信誉考核扣分、罚款、停运、要求提交书面检查与承诺、开展出租车法律法规及社会责任与职业道德培训教育学习等相应处罚，加强出租汽车驾驶员文明规范服务的检查力度，为市民营造良好的出租汽车出行环境。

（6）开展专项整治，规范出租运营秩序

三门峡市交通运输局针对群众关于“不打表收费、拒短跑长”等行为的集中反映，及时提出整改方案，定期对出租车行业开展专项整治活动，严厉查处非法出租运营行为，净化出租汽车运输市场。同时，对车容车貌进行整治，对出租车司机不文明行为进行专项治理。宣城市结合群众所反映的新火车站附近出租车停靠困难、现场秩序混乱等情况，开展了新火车站站前广场出租车经营秩序专项整治行动，重点打击出租车驾驶员违规经营行为。同时，设立临时等客通道，强化现场秩序管理。

（7）规范行业管理，着力整顿市场秩序

上海在接到青浦赵巷地区一处荒废的空地内存在违规带教行为的投诉后，青浦交通执法部门立即对该空地动用“无人机”低空航拍操作，对场地内违规带教情况进行拍摄取证，确认存在违规带教行为后，组织力量成立联合执法队进行查处。佛山在接到有教练车在非指定区域内进行驾驶培训并对附近村民生命财产安全造成严重影响的投诉电话后，市交通运输局立即组织执法人员联合交警部门到现场开展执法检查，对教练车的教练员进行批评教育并计入教练员质量考核系统。长沙 12328 在接到市民反映的“出租车计价器有问题”“疑似安装跳表”的投诉电话后，立即通知市运政执法部门，执法人员通过 GPS 调取行驶轨迹和营运数据，现场查获跳表装置，给予出租车驾驶员处罚并责令改正。宜宾根据 12328 电话投诉货车超载问题，联合公安交警开展专项整治活动，加强车辆、驾驶人安全检查，强化对货物装载、开票、计重等人员的安全培训教育，严格按照道路交通安全法对货车进行随机检查，对超载、超限和未盖好篷布的货车进行严厉处罚，有力打击了货车超载行为，保障了交通安全，维护了正常的运营秩序。

（8）助推“放管服”改革，促进政府办事效率提升

四川巴中接到反映办理“网络预约出租汽车经营许可”程序烦琐、跑腿多且不好办的匿名举报后，将工单及时转发至市“治梗办”及平昌县交通运输局。平昌县交通局在接到市“治梗办”的督察指示后，对该举报问题进行蹲点解剖，并按照市委市政府 “网上办、马上办、一次办”的要求，立即改革部署简化优化办理程序，提升了办理效率，促使政风行风进一步好转。来电人听到反馈的办理结果后，对 12328 在助推“放管服”改革方面发挥的有效作用表示满意。

（9）北京市执法总队约谈“首汽约车”平台

2018年8月初，北京市交通执法总队信访办收到市民来电，反映在“首汽约车”平台上叫车发生多收费的行为，拨打热线电话投诉 16 次都没有得到有效处理。收到该情况后，总队立即进行核实，经查市民陈先生于 6 月 1 日首次拨打交通运输监督服务热线反映，期间“首汽约车”始终回复“减免部分车费”“情况反馈北京总部”“退费由北京总部操作”等内容，没有对市民的诉求进行实质性的处理，热线工单答复内容过于简单，且存在大量逾期处置的情况。

为此，市执法总队于 8 月 3 日上午约谈“首汽约车”平台，郑重告诫企业正确履行监管主体义务，认真处理市民诉求，按照要求及时办结，规范填写答复内容，切实提高信访热线处置质量。“首汽约车”相关负责人表示将立即整改，配

合交通执法部门做好信访热线处置工作，及时对各类投诉作出回复，杜绝类似情况再次发生。

（10）积极应对敏感事件，维护行业稳定运行

为确保网约车行业稳定，盘锦市交通局多措并举，综合应用常规监管、12328 投诉举报、智慧交通新手段等，强化网约车的监管，努力营造良好的运营氛围。截至 2018 年，盘锦市交通局将 3 家网络预约出租汽车平台和通过审批的 101 辆网约车全部接入大数据中心，实施智慧监管。第三季度，盘锦市 12328 服务中心共受理网约车相关案件 55 起，形成了快速受理、高效办结的应急处理机制，在接到案件 5 个工作日内全部按时办结。